売れる力

日本一PCソフトを売り、大ヒット通訳機ポケトークを生んだ発想法

ソースネクスト社長　松田憲幸

ダイヤモンド社

はじめに

「バースの通訳になれないかなあ」

ふと、そう思ったのは、阪神タイガースが日本シリーズで優勝した1985年のことでした。ずいぶん昔のことになりましたが、大阪の街は大騒ぎで、私自身も狂喜乱舞したことを今も忘れません。

当時、阪神の大黒柱であり人気選手だったのが、ランディ・バース。彼の通訳になるには、どうしたらいいんだろう——行動こそ起こしませんでしたが、私はその頃から英語に憧れと苦手意識を持っていました。

それがもとで、英会話学校の勧誘にのせられるまま、大学生のときに100万円ものローンを組んでしまったこともあります（詳しくは後述）。ともかく英語を話せるようになりたい一心だったのです。

大学時代には、ピュアな英語熱に加えて支払うローン分の元を取ろうという気持ちで、熱心に英語を勉強したほうだと思います。そのおかげか、新卒で入社した日本アイ・ビ

1985年、阪神が日本一に

JIJI

ー・エム（ＩＢＭ）では、ニューヨークでのプロジェクトに抜擢してもらうこともできました。その後、独立してから現在に至るまで、世界中の企業と交渉しながら、毎日のように英語を使ってきました。

それでも……、です。やはり大人になってから学んだ語学なので、特に仕事以外の会話は、あまり得意とはいえません。私自身も、もっともっと自由に英語を使えるようになりたい。これだけ勉強し、実践で使ってきても、ネイティブのようにはとてもなれないのだ、という事実を突きつけられる思いです。

さらに、問題意識は深まります。日本人全員がもっと英語を流暢に話せたならば、日本の企業も躊躇なく、もっと海外に活路を求めることができたのではないか。結果として、日本経済も「失われた30年」といわれるほど長い間、停滞することはなかったのではないか――。そんな個人の諦観と問題意識が、私の中でないまぜとなり、頭にこびりついて離れません。

そんな、自分も含めた、日本人の英語力不足を解決する――！　ファイナル・アンサーとして生み出したのが、手のひらサイズのＡＩ通訳機「ポケトーク」です。

イメージキャラクターの明石家さんまさんが、外国人美女をくどいたり、外国人ばかりのテーラーで採寸されながら会話するテレビＣＭを、ご記憶の方もいらっしゃるかもしれません。話し好きなさんまさんはポケトークのコンセプトにぴったりですし、これだけのお笑い界の重鎮に出ていただいたところからも、私の本気度を感じていただけるのではないでしょうか。

このポケトークは、英語や中国語やフランス語はもちろん、アラビア語やアフリカーンス語まで、74言語を翻訳してくれます。しかも驚くほど精度の高い翻訳ができます。インターネット経由でＡＩを使うのが高性能の理由で、ＳＩＭ（通信用ＩＣチップ）が内蔵されているので、通信キャリアとの面倒な契約も必要ありません。小売店で買ったらすぐに使えます。初めて使われる方はたいてい、その翻訳のスピードや精度の高さにもびっくりされます。

私たちが普段、英語を話そうとする場合、おそらく多くの方は頭の中で話す内容を日本語で組み立ててから英語に変換し、声に出すのではないでしょうか。ところが、言い慣れた日本語でも、すぐに英語に変換するのは難しいものです。

たとえば、「タイガースが、ジャイアンツに3連勝しました」

これを英語で言おうとすると、「3連勝」でつまずきます。近くにバイリンガルの人がいれば、「3連勝って英語で何て言うの?」とすぐに尋ねられますが、そういうわけにもいきません。仮に、「3連勝」の英訳がわかったとしても、動詞の後に前置詞はいるのかな、などと文章を作るまでに四苦八苦します。

ところが、ポケトークに「タイガースが、ジャイアンツに3連勝しました」と日本語で話しかければ、即座に「Tigers beat Giants 3 times in a row」と返ってきます。

これをそのまま外国人に話すと、通じた!と嬉しくなり、もっと話したくなります。こうして成功体験を少しずつ積み上げることで自信がつき、もっと頑張ろう、という気になれます。また、ポケトークは日本語と英語の履歴も端末に残るので、忘れてしまってもすぐに英語の音声つきでリピートできます。

本を買って、いろいろな例文や熟語を覚えて組み合わせれば、自分なりに知りたい用途に合わせて英作文ができるかもしれません。しかし、英会話の本に掲載された例文は一般的で面白くないものが多く、本当に伝えたい内容を適切なニュアンスの英文に作り直すのはかなり難しいことです。

その点、ポケトークを使えば、自分の言いたいことや興味のある構文と単語が一発で出てくるので、俄然使えるようになります。「3連勝」を覚えれば、「3日連続」も「3 days in a row」と言えるようになるのです。


この便利さは使うと実感していただけるようで、「こんな画期的な製品があったのか！」という驚きや喜びの声をたくさんいただき、「ポケトーク」は今、私たちの想像をはるかに超える快進撃を続けています。2万9880円という高価格にもかかわらず、すでに累計販売台数は50万台を突破し、シェアは95％を超えました。


ただし、ロケットスタートを果たしはしましたが、今はまだ導入期に過ぎない、と考えています。今後もポケトークは進化を続け、翻訳精度も日々良くなり、翻訳速度もどんどん速くなっていくからです。

順風満帆すぎる現状に、胡坐《あぐら》をかいていてはいけない、と気を引き締めています。というのも、ソースネクストがここに至るまでには、絶体絶命と思えるようなピンチもあり、まさに山あり谷ありだったからです。

ソースネクストの創業は、1996年でした。日本IBMのシステムエンジニアだった私は独立し、パソコン（パーソナルコンピュータ）のソフトを企画、製造、販売する会社としてスタートしました。

当時の代表製品は、ソフトウェアが中心です。

・面倒な操作を省いてインストールするだけでパソコンが速くなる「驚速」
・楽しくタイピングが速くなる練習ソフト「特打」
・競合他社の製品の10分の1以下の価格でPDFが作れるようになる「いきなりPDF」
・業界慣習だったウイルス対策ソフトの年間更新料を0円にした「ウイルスセキュリティZERO」　など

これらの製品の一部は、テレビCMを使って広告を打っていたので（まだ会社が小さかったにもかかわらず！）、製品名をご記憶の方もいらっしゃるかもしれません。タイのムエタイボクサーが、「トクウチ、トクウチ」と言いながら、コーチのミットにキックを続けていたのは、「特打」のCMでした。人気ニュース番組のスポンサーとなってこのテレビCMを打っていたのは、創業間もない、もう20年近く前のことです。

業界全体を見渡せば、Ｗｉｎｄｏｗｓ旋風が吹き荒れた後、インターネットが普及し、ブロードバンドが登場、そしてスマートフォンへ急速に移行しました。インターネットやコンピュータを取り巻く潮流が激変する中、私たちも危機に見舞われました。

CD-ROMドライブがパソコンからなくなり始めた頃、新たなデバイスとしてUSBフラッシュメモリを打ち出そうとして大量に在庫を抱え、大やけどを負って会社が危機に陥ったのです。さらに、最大の失敗は、パソコン向けの製品にこだわり、クラウドやスマートフォンの波に対応する製品サービスの手当てが遅れたことでしょう。追い打ちをかけるように、リーマンショックがやってきて、需要が一気に冷え込む中で資本不足に陥り、倒産するのではないかと薄氷を踏む思いだった数年もありました。

今や、コンシューマー向けパソコンソフトの市場は、グローバルに展開している世界的なブランドの外資系企業によって寡占化され、生き残った日本の会社は、数えるほどになっています。


しかし、そんな中でも、ソースネクストはなんとか踏みとどまることができました。その原動力は、社名の由来でもある「次の常識をつくる」=We Source What's Next.にこだわってきたことだと思っています。苦境においても、古い常識にとらわれることなく、積極果敢に新しい取り組みに向かってきました。

本書は、さまざまな紆余曲折の中で、私たちの生き残りにつながったユニークな製品や仕組みを、どのように考えて作りあげてきたのか、振り返ってまとめました。これからの厳しいビジネス競争をみなさまが生き抜く何かのヒントになれば、と願っています。

これがヒントといえるか心もとない……というのも本音で、私たちが少し変わった会社である（とよく言われる）ことも事実です。**こだわることと、とらわれないことのバランスが一風変わっていた**、とでもいいましょうか。

たとえば、社長である私自身が、量販店の売り場に立って販売するのは、当社では当たり前でした。むしろ**私は、喜んで店頭に立っていた**のです。2019年も店頭に立って販売してきました。量販店の法被《はっぴ》を着て立ち、ポケトークの売れ行きについて、お客さまの生の声をうかがうためです。

そんな「売れる」現場を大事にしてきたのと同時に、**私が強烈にこだわってきたのは、パッケージやネーミング**でした。同業他社は開発に鎬《しのぎ》を削っていましたが、お客さまから選んでもらうポイントはまず中身よりも「見た目」にある、と考えたからです。このため、ネーミングやパッケージデザインを担うデザイナーを、創業当初に役員待遇で迎えました。

また、ソフトの世界では、家電量販店等の小売店に製品を置いてもらうときは卸を通すのが常識ですが、私たちはもう15年も前に、卸を離れて小売店との直接取引に踏み出しました。卸を通すと、売り場を自分たちで思うように演出できないうえ、実売データも入ってこないからです。こんなことをした会社は後にも先にも、なんと今この時代ですら、パソコンソフト業界では私たちしかいません。

　価格にもこだわりました。パソコンソフトは数千～１万円するのが当たり前だった時代に、それではユーザーは増えないし、販売ルートも限られる、と考えて、価格を一気に下げました。１９８０円に統一してしまったときには、業界から罵詈雑言《ばりぞうごん》も浴びせられました。それでもひるまず、このとき一気に１００タイトルを世に送り出し、多くのお客さまからの支持を得て、同時に競合を完全に振り切ったのでした。

　このほか、会社の倒産の危機をからくも脱した直後の２０１２年からは、**社長である私がアメリカのシリコンバレーに移住**しています。日本に本社があるのに、社長みずからがアメリカに移住してしまったことで、これまた驚かれました。しかし、この選択は大正解でした。

　現地でのすばやい交渉が奏功し、「Dropbox」や「Evernote」などのいわゆるクラウド製品の日本語版販売の権利を取得でき、それも日本式に量販店でパッケージとして売り出したことで大ヒットしました。クラウド製品をダウンロードするのではなく、量販店で手に取りながら、アフターサービスも保証されるパッケージとして売ったことが、業界の、そしてお客さまの度肝を抜くことになったのでした。

こうした取り組みでは、それぞれに学びがありました。そして今、これらすべての経験や仕組みが揃ったおかげで、ソフトウェア会社だった我々が、冒頭紹介したとおり、ハードウェアであるポケトークを大々的に展開することもできています。**長年かけて、一つひとつジグソーパズルのピースをはめてきて、すべてそろった**感覚に近いかもしれません。

さらに、２０１９年12月には、「ポケトークＳ」という大きくバージョンアップした次号機を発売します。まさに、人類史上最高の翻訳機です。

もちろん、今がゴールではなく、新たなスタート地点に立ったばかり。

私たちが体験してきた経験や教訓が、ビジネスパーソンのみなさまのほんの少しでもお役に立てたら幸いです。

２０１９年11月

ソースネクスト株式会社
代表取締役社長　松田憲幸

売れる力——目次

はじめに——i

第1章
絶好のタイミングに備える

判断力の差より、情報量の差——2
人類史上最高の翻訳機を作る
ミッションがぶれをなくす——9
外国語学習ソフトも、翻訳機もゴールは同じ
「譲れない線」の引き方——16
売り方にこだわった「ポケトーク」1号機
過去をひきずらない——27
ゼロベースで作った「ポケトーク」2号機

アクセルを踏むときには躊躇しない
明石家さんまさんにCM出演をお願いしたワケ　32
派生するニーズを掘り起こす
「ポケトークS」は英語学習の機能を強化　38
技術の応用は柔軟に
一つの技術から多彩な製品が生まれる　41
プロダクトだけが国境を越える
グローバル化の理想はソニーのウォークマン　44

第2章
「買いたい」直感を探る

売り場での実感が決断力になる
みずから店頭に立って売って見える真実　52

みんなの「困った」を解決する 57
600万本売れた「驚速」開発秘話
面白いものしか続けられない 61
日本のために、と考えて当たった「特打」
カッコよさより安心感 66
クラウドソフトをパッケージで売る
ピンときたら、合理的に検証する 71
まさかの日本IBM退職、そして起業
収入が多いほうが社会に貢献できる 81
金儲けに抵抗があると商売はうまくいかない

第3章

パッケージと価格にトコトンこだわる

店頭に並べてもらってナンボのもの 88
100%返品自由にした理由

買いたくなる「ウリ」を探す 92
ネーミングとパッケージで売れる現実

開発は外注、パッケージは内製 97
デザイナーを役員待遇で

値段は徹底してお客さま目線で 102
ソフト価格を相場の5分の1、1980円に統一

「できること」ではなく「やるべきこと」をやる 108
一気に100タイトル、1980円均一！
業界慣習は疑ってかかる 114
セキュリティソフトは更新料ゼロにできる
良い製品も、知ってもらわないと意味がない 120
社員30人の会社が全国CMを大展開
徹底的にゴールを検証する 126
店頭への姿勢と売上には相関がある
小売店と直接つながる 130
最大手の卸と決別
ブランドの寡占化で強みを増す 134
年賀状ソフトの買収を続ける理由
優良な消費者を囲い込む 139
顧客1700万人の直接販売ルートの強み

第4章

トレンドを読み誤ると簡単には挽回できない、本質を知る

時代の潮流を読み誤ると簡単には挽回できない　144
大赤字を作った「Uメモ」シリーズ

しかるべきタイミングで資本を積む　149
債務超過寸前で増資する苦しさ

失敗したら原点に戻る　153
3年で全国の量販店1000店を回る

伸び率だけでなく総量にも目を向ける　157
新規事業スタート時の落とし穴

企業側の都合だけで進めない　161
留守番電話をテキスト化する「スマート留守電」

第5章

三方よしの交渉をする

型を知らずして「型破り」はできない　166
社員からの情報は宝の山
成功者にカリスマは不要　172
稀代の起業家たちがどんな人かを感じ取る
住む場所で交渉は変わる　178
社長がシリコンバレーに移住
対面で話す威力を有効に使う　182
会わずに済むアメリカだからあえて会う
グローバルな製品を作るためのチームとは？　187
好まれる色や明るさは国・地域で異なる

個人対個人で対峙する　190
ロゼッタストーン日本法人をなぜ買えたのか
「たくさん儲けましょう」とはっきり言う　195
交渉は「相手のWin」を聞き出すこと
粘り強さと臨機応変さが交渉を成功させる　199
30回通ったDropboxのディール締結

第6章
向上しあえる文化を作る

「利益を上げるのはいいこと」と思える文化に　206
アメリカ企業にならってストックオプションを導入
人の長所を見ると前向きな関係になる　213
一人ひとりに手書きの誕生日カードを

役員会は「お友達内閣」にしない 218
70歳以上の社外取締役を揃える意味
フラットな社風だから実力主義を貫ける 223
20代の役員、30代前半で年収1800万円の女性
採用は学歴や職能よりも人柄 227
実力のある社員が出世しないと、困るのは社員自身
世界のトップレベルを目指す 233
「世界一エキサイティング」とは?
おわりに 239

絶好のタイミングに備える

第1章

判断力の差より、情報量の差

人類史上最高の翻訳機を作る

当社のエポックともいえる、ポケットサイズのＡＩ通訳機「ポケトーク」をご覧になったことがあるでしょうか。

初めから宣伝めいて恐縮ですが、使い方は極めて簡単です。端末に向かって日本語で話すと、それが瞬時に外国語に通訳されて音声で流れると同時に、テキストで表示されます。その音声を相手に聞かせたり、画面上のテキストを見せたりするだけ。入力する言語も出力する言語も、74言語中なら自由に設定できます。

かつて、人気漫画「ドラえもん」に「ほんやくコンニャク」というひみつ道具が出てきましたが、まさにそれを具現化したようなものです。これさえあれば、海外旅行先で不自由しません。日本にやって来た外国人ともコミュニケーションできます。

実は、こういう**「手のひらサイズの翻訳機を作りたい」という思いを、私は18年前から持っていた**のです。実際にチームも作り、「バベルの塔プロジェクト」を立ち上げました。それは、ソースネクストを創業してまだ6年目、２００1年のことです。

AI通訳機「ポケトーク（W）」

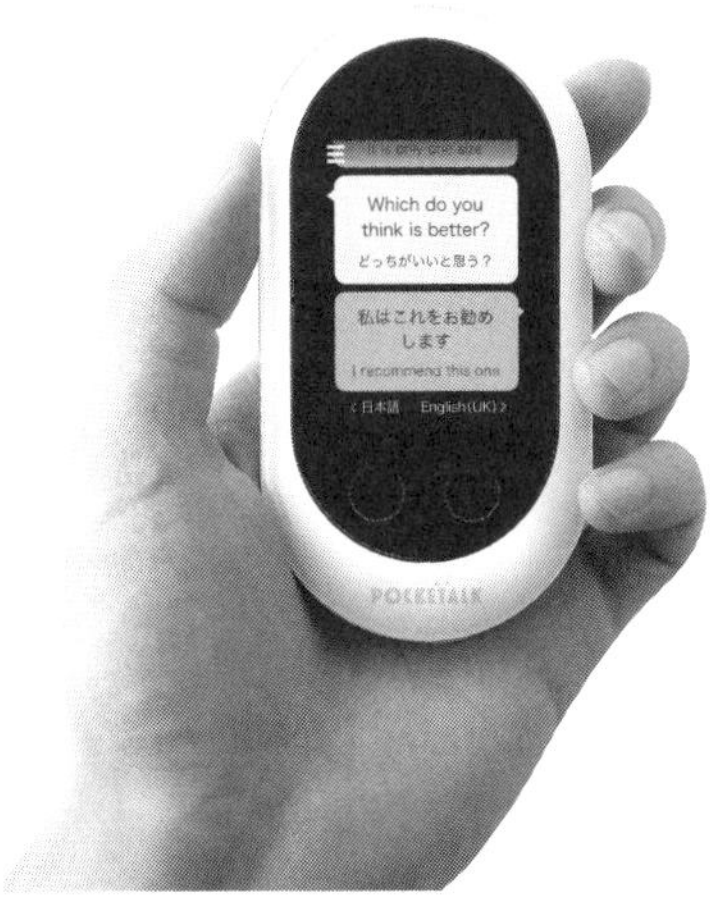

「バベルの塔」は、旧約聖書「創世記」に出てきます。もともと世界中は同じ言葉を使って同じように話していたところ、天にも届く塔を建てようとしたことに神が怒り、人々の言葉を混乱させ通じないようにした、というエピソードであり、人々の傲慢に対する戒めや、実現不可能な計画を意味します。まさに日本人の英語コンプレックスをなくす製品であったのと同時に、明らかにとんでもないレベルのことをやってのけなければ実現できないプロジェクトだったため、そう命名したのでした。

プロジェクト立ち上げ当初は、社員から反対もされました。ありえない！と思ったためでしょう。

実際、立ち上げから製品発売まで、実

に足掛け16年を要しました。たしかに、当時は翻訳エンジンをはじめ、あらゆるテクノロジーレベルが低かったので、実現できる状態にありませんでした。ソフトウェアもハードウェアも、ネットワークのスピードも、何もかも追いついていませんでした。

それでもこのとき「バベルの塔」プロジェクトを立ち上げたのは、**私の長年の問題意識に対する解の一つだという信念があった**からです。それは「日本人の英語力不足」です。

偉そうに英語力不足が日本人の課題だ、などと大上段からいうつもりはありません。というのも、私自身が、英語の勉強に苦労してきたからです。英語にコンプレックスがあったからこそ、学生時代には、詐欺まがいの手口で、英語教材を買わされました。でもこのとき英会話学校に通いまくって、まがりなりにも英語が話せるようになったことが、私自身の人生を大きく変えました。英語力がなければ、のちに日本ＩＢＭにも入っていなかったと思いますし、今の人生もなかったはずです。

その後、ソースネクストを立ち上げたわけですが、英語の教育ソフトは人気商品の一つでした。日本人にとっての英語勉強熱がとても高いことを再認識させられました。「英語でコミュニケーションできない」ということが、大きなハンディキャップになることに気づいている人は多いのです。

実際、**アメリカ人からすれば、英語ができないというだけで、とても残念な人に見られてしまう**のが現実です。（ああ、この日本人、英語がわからないんだな）と思ったら、言葉を選びゆっくり話してくれますが、それでもわからない人にはわからない。そうなると、アメリカ人にとっては、〝コミュニケーションができない人〟というラベルを貼るしかありません。もうまともに話しかけてもらえません。

私の場合、学生時代の猛勉強のかいあって、入社前には目標にしていたTOEIC870点をクリアし（当時の日本IBMにおける、海外への長期出張対象者の条件でした）、晴れて日本IBMでも海外のプロジェクトに配属され、起業後も海外の会社とやりとりすることができました。

それでも……、です。いまだに、特に仕事以外の会話は、あまり得意ではありません。**私自身も、もっともっと英語で自由に話せるようになりたい**。これだけ勉強し、実践で使ってきても、ネイティブのようにはとてもなれないのだ、という事実を突きつけられる思いです。

おそらく私に限らず、多くの日本人が英語に強い苦手意識をお持ちのはずです。平成の30年間にわたり、日本経済がグローバル化の波に翻弄され、「失われた」などと形容される低成長の時代が長く続いてきたのは、英語力不足によるところが大きかったのではないか、と私は思っています。日本人が全員英語を話せたら、ここまで長く経済が落ち込まなかったのではないでしょうか。

グローバリゼーションが世界で進んでいく中、英語ができなかったために、日本だけが国の中に閉じこもってしまったのです。唯一、幸運だったのは、日本がビザを緩和するなど、わずかながらも国を開放したために、数年前から外国人がたくさん日本にやってくるようになったことです。

訪れてみると、物価は意外と安いし、食事はおいしいし、安全だし、観光するところはいっぱいあるし……と、あっという間に旅行で人気の国になりました。しかし、そうやって外国人がたくさんやってきて、では日本人の英語力が上がったのかというと、向上しないままです。

外国人とのコミュニケーションができないというだけで、海外はもちろんのこと、**国内でも日本人は大変な売り損じをしている**と思います。外国人からすれば、モノを買うときに質問したいのに、英語で尋ねても通じないからです。

伝統工芸などについて「これは、どういうものなのですか」と問われたとき、「その器を作る技術は700年前に始まった……」「江戸幕府を作った徳川家康が関わって……」なんてスラスラ英語で説明できたら、「おお、それは面白い！」と興味を持って買ってくれる人がもっとたくさんいるかもしれません。

しかし、そうした背景も聞けないうえ、日本人も進んで教えてはくれない、という状態でしょう。**日本全体が、言葉の壁でものすごく損をしているのです。**

また、語学力不足は、情報収集面でも大きなハンディキャップを生みます。英語ができなければ、**英語でしか流通していない情報が手に入らない**ことになります。情報の欠落で判断が変わってしまうので、この問題は重大です。

私が思うに、**「判断する力」は、人によって大して違いません。**同じ条件で何かを決めなければいけないとき、決断力や判断力は、だいたいみな似たり寄ったりです。しかし、そこに**大事な情報が欠落していたら、判断を誤ります。**

日本は平成の時代に、英語による情報の欠落によって、たくさんの間違った判断をしてきたのではないでしょうか。そう考えると、恐ろしくなります。

「日本人」であることの二重三重のハンディ

一方で、日本人が英語を話せない理由もわかります。私も苦労した一人だからです。日本にいれば、日本語を話すのが当たり前であり、英語を話す必要はありません。

アメリカ国務省が発表する「外国語習得難易度ランキング」によれば、アメリカ人にとって、最も習得が難しい第1位が日本語です。唯一、最高難易度にランクされています。アメリカ人が学習しようとすると、最もたくさん時間を要する言語ということです。

逆にいえば、**日本人にとっても、英語は習得に多くの時間を要する難易度の高い言語**だということではないでしょうか。よく知られていますが、ゲルマン語派（英語のほかドイツ語やオランダ語など）に限らず、中国語も英語に語順が近い。中国人にとって、英語をマスターする難易度は、日本人ほど高くない、ということです。しかも、日本人は完璧主義や恥ずかしがりが邪魔をして、少しぐらい間違っていてもどんどん話す積極性や図太さがないため、上達も遅いです。

さらに、日本はつい最近までは米国に次ぐ世界2位の経済規模を持っていましたから、企業もあえて世界に出ていってチャレンジする必要性が他の国ほどありませんでした。日本国内で、日本語だけで商売をしていても、十分食べていけたのです。ところが、他の国ではそうはいきません。一例が韓国で、国内市場が小さいため、成長を求めるサムスンなどのメーカーも一気にグローバル化しました。**日本人も日本企業も、生存の恐怖がないため、危機感も低かった**わけです。

このように英語力の低い構造を踏まえれば、**日本人が英語のハードルを越えるには、優れた翻訳機くらい画期的なものがないと無理**ではないか、と私は早くから感じていました。日本人が勉強して英語をネイティブ並みに体得するのは、ほぼ不可能だ、と思うようになっていたのです。

実際、大人になってから英語をマスターしようとすると、どれだけコストがかかるか。私もビジネス英語であれば、ある程度は話せますが、日常的な幅広いテーマとなると英語で使いこなせる表現は限られます。正直、理解できないことも多いです。それなりの根性で一生懸命に勉強して、このレベルです。

だから、翻訳機だ！と思ったのです。

かつてタイピングの練習ソフト「特打」を世に出したとき、パソコンでキーボードを打てて当たり前の世の中になるというのに、タイピングに慣れていない日本人は世界に取り残されるのではないか、という危機感を持ったときの思いと似ています。英語に関しては、そのとき以上に大きな危機感を抱いています。

ミッションがぶれをなくす

外国語学習ソフトも、翻訳機もゴールは同じ

「バベルの塔プロジェクト」立ち上げから時を経て、ビッグデータ、ディープラーニングの時代になり、**びっくりするような翻訳エンジン、聞き取りエンジンの技術も出てき**

ました。日本語を話して音声入力すれば、さまざまな言語にかなりの精度で翻訳してくれます。これなら、本格的な翻訳機が作れるのではないか、と思い始めました。そして、同じぐらいのタイミングで、ある出来事がありました。

当社が「ロゼッタストーン」の日本法人を買収したのです。

これこそ、まさに語学学習のためのプログラムでした。世界的なブランドを日本で手がけるにあたり、私は語学学習ビジネスを手がける社内のミッションを考え、「言葉の壁をなくす」と定めました。

考えてみれば、外国語学習ソフトを売ると同時に、語学の勉強を不要にする翻訳機を売る、というのは一見相反しています。おそらく**語学教育ソフトを売りながら、翻訳機も売っている会社は、世界でソースネクストだけ**ではないでしょうか。

しかし、「言葉の壁をなくす」というミッションに沿って考えれば、両方とも極めて合理的で、両方とも正しいのです。

このミッションからすれば、言語を習得できるのであれば、必ずしも勉強でなくていい、という主旨です。翻訳機も、言葉の壁を乗り越える方策の一つだからです。そして、翻訳機を出したから「ロゼッタストーン」が売れなくなるとか、「ロゼッタストーン」が翻訳機のビジネスの邪魔をするとか、そういうことは考える必要がありません。ミッションのおかげで、社内がブレることはありませんでした。このミッションを作って本当に良かったと思いますし、とても気に入っています。

そして実は、**翻訳機自体が最高の学習デバイスであると気づく**ことになります。2号機以降の「ポケトーク」の場合、翻訳した音声が出るのと同時に、翻訳テキストが原文テキストとともにディスプレイに表示されます。これを、誰かに伝えるために使うのではなく、自分の勉強のために利用する需要が想像以上に大きかったのです。また、ポケトークには翻訳履歴が残るので、それを押せば何度でもテキストと音声が出てきますから、フレーズの確認やリスニングの練習に使うことができます。さらに、自分で英語を吹き込んで、正しく認識されるかをスピーキングの練習に使うこともできるのです。あるいは、表示されるテキストは辞書代わりにもなります。

しかもポケトークの場合、翻訳できる言語は英語だけではありません。中国語も、イタリア語も、フランス語も、74言語の語学学習に使えます。自分が言いたい内容が、こんなに簡単にフルセンテンス（完全な文章）でわかるツールはほかにない、という評価もいただいています。

「ポケトーク」の最大の特徴は、複雑な文章でも翻訳できることです。

まとまった文章をデバイスに向かって話しかけて、正しい翻訳文が戻ってくるようなデバイスは過去にありませんでした。**「○○って、英語で何て言えばいいの？」という疑問には、今まではバイリンガルの人に聞いて教えてもらうしか術がなかった**のです。

私自身、英語がまったくできない状態から勉強をスタートしてみて、ネイティブでない人が英語を話すステップは基本的に二つある、と思っています。第一に、数多くの構文やフレーズを覚えること。第二に、覚えた構文に単語を適宜当てはめていくことです。

ただ、これには手間もかかります。構文や単語を覚えることのハードルもありますし、言いたいことについて英語のどの構文やフレーズを使えばよいかをとっさに考え、さらには単語を置き換える必要があります。

私が英会話学校に通っていたころは、「今日はこれを話すぞ」と決めて、自分で作った英文を丸暗記して話していました。それが外国人の先生に通じると「やった！通じた」と嬉しくなります。

今なら、自分が話したいことを前もって「ポケトーク」に向かって話すだけで、手軽にその喜びを味わうことができます。

たとえば、「大阪に来たのは3カ月ぶりです」と言いたいとき、「～ぶり」と表現する英語がすぐには出てきづらいのではないでしょうか。「ポケトーク」なら「I came to Osaka for the first time in three months.」と瞬時に音声とテキストが返ってきます。

「ああ、英語ではこう言えばいいんだ」とわかります。東京に来たのが久しぶりであればOsakaをTokyoに替えるだけでいいし、5年ぶりならthree monthsをfive yearsに替えればいい。こうした英会話の成功体験を作るには「ポケトーク」は最高のデバイスだと思います。

２０１７年4月、ロゼッタストーンの日本法人の買収について、アメリカ本社のCEOと一緒に記者発表会に臨んだときのことです。「言葉の壁をなくす」ために、「ロゼッタストーン」を４９８０円という、かつての5分の1以下の価格で販売する、というのが発表主旨でした。

しかし、会見のインパクトをいっそう大きくするには、「言葉の壁をなくす」というミッションに従って、勉強することなく英語など外国語が自由に話せるようになる翻訳機も一緒に発表してしまったほうがよいのではないか、と考えました。そこで、まだ開発が完全な見通しが立たない段階だったにもかかわらず、翻訳機の構想をパワーポイントで作って紹介したのです。

結果的に、記者発表会の場は翻訳機の話で持ちきりになってしまいました。いつ出すのか、どんなものなのか、どのくらいの大きさなのか……。矢継ぎ早に飛んでくる翻訳機に関する質問になんとか答えながら、これは本当に翻訳機を出さないといけない、と改めて思いました。**需要は間違いなくある、という大きな手応えをこのときにつかんだ**のでした。

アプリではなく専用機にこだわった理由

その頃、すでに翻訳機を作っている会社はありました。また、グーグルをはじめ翻訳エンジンの提携先もたくさんありました。それらを取りまとめてプロトタイプを作っていくのですが、ソースネクストが有していた大きな強み——それは、すでに発売していた「スマート留守電」の経験です。留守電の内容をテキスト化してメールやショートメッセージサービス（SMS）やLINE、フェイスブックメッセンジャーで送信し、留守番電話サービスに電話をかけなくても、伝言内容が確認できる、アプリを使ったサービスです。

「スマート留守電」でわかったのは、**翻訳の精度を左右する音声の聞き取り能力を上げるには、入力音声の音質が重要**だ、ということでした。もっと具体的にいえば、スマートフォンのマイクでは騒がしい場所では十分に聞き取れず、結果として適切に翻訳されません。もちろん、普通の用途であれば、そのレベル以上にマイクを進化させる必要はないのですが、翻訳の用途には十分とはいえないのです。

専用機をわざわざ作らなくても、スマートフォンのアプリで十分じゃないか、という声が今も聞こえてきます。ただし、このマイクの精度に難がある限り、スマートフォンではうまくいかないことに気づいていました。

同じ翻訳エンジンなのに、ポケトークとスマートフォンで精度が違う、といわれるのは、マイクが違うからです。騒がしい場所でも、専用機ならクリアに言葉を聞き取ることができます。

一般的に**スマートフォンの進化について要望が多いのは、カメラの機能や画質の向上**です。だから、カメラやスクリーンの進化はものすごく速い。逆に、マイクは現状でも電話をするには困らないし、スピーカーにしても、本当に音楽好きの人はブルートゥースでヘッドフォン等を通じて聞きますので、進化させる必要がありません。

このように、スマートフォンにはマイクやスピーカーを進化させるモチベーションはほとんどないのです。そこに期待して買う人が少ないのも事実でしょう。しかし、ＡＩ通訳機にとってはマイクやスピーカーが極めて重要です。

そうした小さな工夫の積み重ねが使い勝手の良さにつながり、スマートフォンとの差別化にもなるでしょう。スマートフォンが進化しないところに目をつけていくことが、専用の翻訳機としての魅力につながっていきます。そこは、最初からこだわり抜いたところでした。

専用機にしたヒントは、アマゾンのキンドルから得ました。同じように「専用機」としてのこだわりを持って作られていて、発売から10年以上になりますが、徹底して読むデバイスとして進化しています。

キンドルは、とにかく「読む」ことに特化した仕様になっています。目は疲れないし、明るいところでも暗いところでも読めます。辞書機能でわからない単語の意味を調べたり、マーカーやメモの機能も便利に使えて、電池の持ちもいい。キンドルにしかできない読書体験を作っています。これこそが、ポケトークの見本でした。

実のところ、スマートフォンを翻訳機として使うのは、現実的ではないと思っています。そもそもプライバシーの塊であるスマートフォンを、人に見せたり渡したりするのは、かなり抵抗があるのではないでしょうか。だから、ポケトークはスマートフォンとは別に翻訳専用機として進化させていくべきだ、と考えました。

「譲れない線」の引き方

売り方にこだわった「ポケトーク」1号機

ロゼッタストーンの記者会見から5カ月。できあがったプロトタイプを、量販店などにも見てもらっていました。

ソースネクストは創業以来ソフトウェアを販売してきて、大手家電量販店とも懇意にしています。ある家電量販店の社長のところへ、ＡＩ通訳機の試作品を持っていきました。すると、「間違いなく売れる」と太鼓判を押してもらえました。

しかし従来にない製品ですから、どれぐらい売れるのか、まったく予測のしようがありません。

社内でも「何十万本と売れるんじゃないか」「そんなに多く見積もったら危ない。数千本レベルだろう」などと意見が割れました。

どこまで売れるか、成否のカギを握るのは広告だ、と私は考えていました。**発売当初から思い切って広告宣伝費を投じれば、売れ行きが大きく変わる**。ここは、アクセルを踏み込むしかない。

それまでソースネクストも何度か経営危機を経験しており、決して順風満帆にきたわけではありません。ところが「ポケトーク」を発売しようとしていた２０１７年には業績もかなり安定していたので、仮に失敗しても致命傷は負わないはずだという計算もありました。

２０１７年12月13日、「ポケトーク」の記念すべき1号機を発売しました。売れるとは思っていたものの、なんと初期生産数がわずか11日間で売り切れてしまいました。最初の生産台数を控えめに設定はしたものの、改めて、ＡＩ通訳機のニーズの強さを実感した瞬間でした。

その後も快進撃は続き、**「ポケトーク」は約１年半で累計出荷台数50万台の大ヒット製品**となりました。１台当たり約３万円という安くない価格帯の製品で売上50万台というのは、おそらく衝撃的といっていいと思います。

さらに嬉しかったのは、数々の賞を受賞できたことです。

世界最大級のエレクトロニクス展示会「ＩＦＡ ２０１８」で、Innovation Awards at Show Stoppersのモバイルコンピューティング部門賞を、さらに２０１８年の日本経済新聞社による「日経優秀製品・サービス賞最優秀賞」の日本経済新聞賞、『日経トレンディ』が毎年発表する「２０１８ヒット商品ベスト30」にランクインするなど、高い評価をいただけました。

発売から1年足らずの２０１８年10月には、音声翻訳機のシェア97・5%（ＢＣＮランキングより）を占めていました。**個人のお客さまはもちろん、外国人観光客の対応に迫られている小売店やタクシーなどの法人需要も大きい**ためです。

２０１８年、日本を訪れる外国人観光客は年３０００万人を超え、２０２０年には４０００万人を超える見込みです。

図1-1　ポケトークは幅広い業種で導入

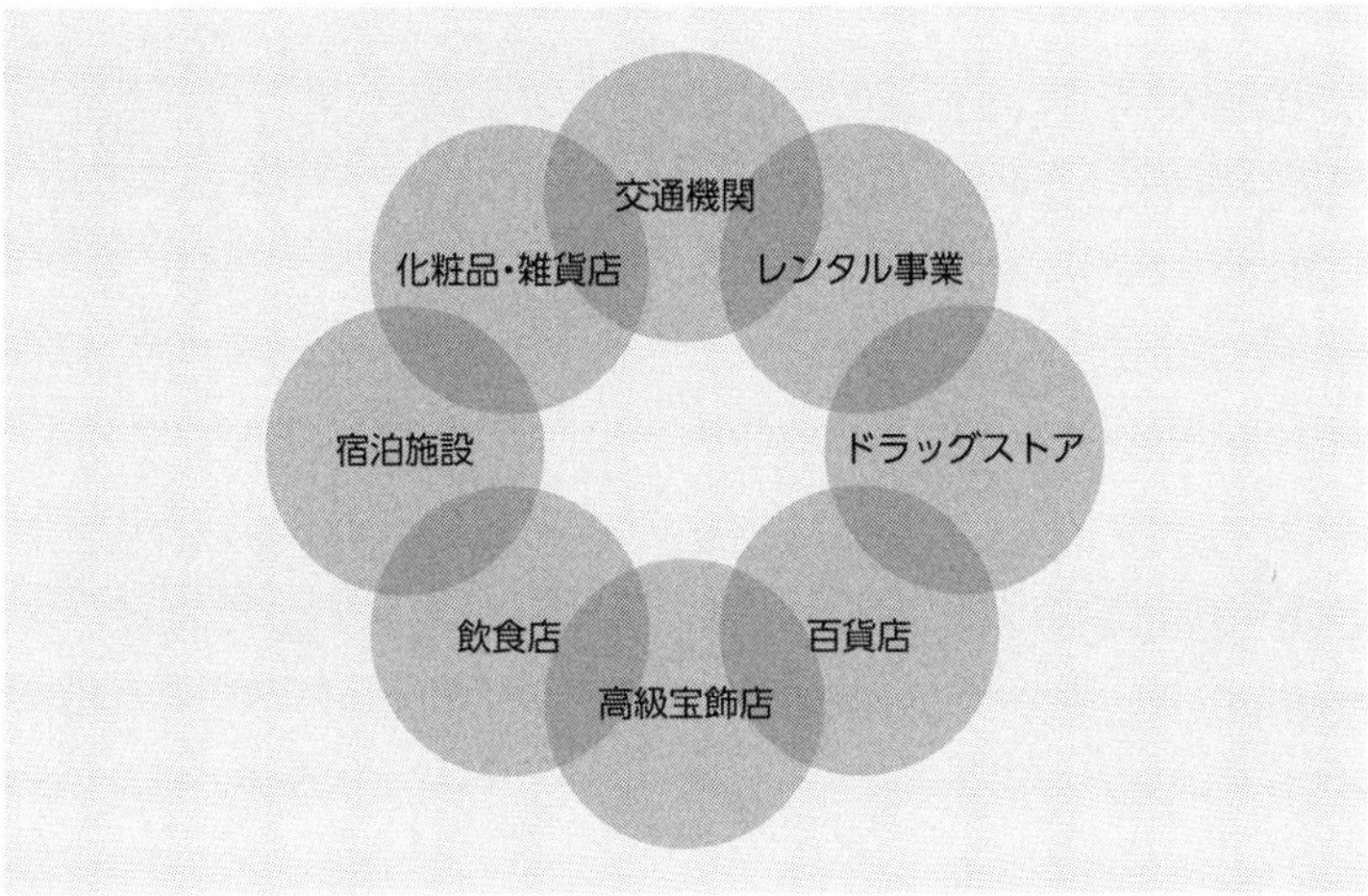

個人のお客さまの場合は、「これを買ったことで2万9800円以上の楽しみが得られるか」という効果を数字で表しづらいですが、法人のお客さまの場合は費用対効果を数値化できます。つまり、1台2万9800円で「ポケトーク」を買って使った結果、それ以上の収益につながるかどうかでしょう。

たとえば高級なブランドショップで、外国人観光客一人に商品1点を売るだけで何十万円もの利益が出るのであれば、言葉が通じないために売り逃すより、販売員にAI通訳機を持たせたほうがいい、という判断をされるのではないでしょうか。

通訳者を雇用する手もありますが、その費用はおそらく年間で一人1000万円は下らないでしょう。特にブランドショップなどでは、どんなシチュエーションにおいてもホスピタリティのある対応が求められます。高度なサービス対応ができて、しかも英語を含む多言語で細かなニュアンスまで伝えられるほど堪能な通訳者となると、ごくわずかしかいないはずです。また、そのレベルに社員を教育するといっても時間とコストがかかりますから、それならＡＩ通訳機のほうがいい、という結論になるのではないでしょうか。

すでにハイブランドの宝飾店などのほか、化粧品メーカーや日本一の品揃えを誇る玩具店、鉄道など交通機関、ホテル・旅館、レストランなど、さまざまな業種で「ポケトーク」を装備してくださっています。

私たちの想像が及んでいなかった興味深い例では、美容室があります。近年は外国人のお客さまも増えているそうで、カウンセリング時点で要望がうまく伝わりきらず、希望のスタイリングにならなかったことでクレームにつながることも多いそうです。髪を切ってしまったり染めてしまうと、元に戻すためには時間がかかったり痛んだりするので、お客さまの怒りや嘆きもひとしお。そういったトラブルを回避するうえで、「ポケトーク」なら微妙なニュアンスまで正確に訳してくれて安心だ、と評価を頂いています。

過去にも翻訳機はありましたが、「ポケトーク」が法人・個人ともにこれだけ売れたのはなぜか。理由はいくつか考えられます。

まずは、きちんと翻訳ができる翻訳機だったことです。

オフラインの翻訳機を使った経験のある方ならば、「使えない代物」というイメージを持っていたでしょう。この点について私たちは、「スマート留守電」で経験済みでした。

オフラインの翻訳エンジンは、ほとんど使い物にならないのです。

となれば、クラウドを使うしかありませんが、通信ができない場所では使えません。製品にして売るとしたら、やはり無難にオフラインでも使えるようにしたほうがいい、という意見も社内ではありましたが、私は反対しました。

おかしな翻訳が出るくらいなら、訳せないほうがいいくらいだ、という判断からでした。翻訳機で一度でもおかしな訳が出たら、「使えない」というレッテルを貼られます。それは、最も避けなければいけないことでした。

のちに、病院でも海外の患者さんがいらっしゃる場面で使われるようになり、このときの判断は正しかったのだ、と思いました。「これ（翻訳機）のおかげで命が助かりました」というお客さまの声も頂きました。こんな緊迫した場面で間違った翻訳をしていたら、命の危険に関わります。メーカーが思いもつかない用途で使われる可能性がある以上、高い精度を維持すべきです。

また、翻訳はスムーズにすべての言葉を拾えなければなりません。そのためにマイクの精度を高めたわけですが、同時に、翻訳スピードにもこだわりました。翻訳エンジンの精度は、グーグルしかりバイドゥしかり、ディープラーニングで学習してどんどん高まっているので、それらと契約すればいいわけですが、ただ搭載するだけではスピードは速くなりません。

ソフトウェアのチューニング――専門的な言葉を使うと、プログラムのコーディングの仕方が翻訳スピードを左右します。そしてより速くするために、音声は通信を介して受け取る手間を省き、テキストだけを受け取って、端末側から音声を出力するようにしています。こういった点が、ソフトウェアをずっと手がけてきた経験豊富な当社の強みであり、技術者の力量によるところが大きかったと思います。

実のところ、ハードウェアを真似ることは容易ですが、特に難しいのは、ソフトウェア部分です。ポケトークでは、ソースネクストの長年の経験が結実しています。

もちろん、「良い製品」を作ることは必須でしたが、マーケティングにもこだわりました。まずは価格。２万９８８０円と、２万円台にとどめたこと。**コストにも見合い、かつ買いやすいギリギリの価格設定にする。**これが3万円以上だったら、売れ行きはもっと低調に終わったと思います。

そして、**家電量販店で圧倒的な売り場を確保できた**こと。これは、卸を通さない直接取引の体制が構築できていたからこそ実現できました。もし、卸を通す販売ルートしかなかったら、扱ってもらえなかった可能性すらあります。また、卸を通じてでは、売り場の作り方や取扱量について、量販店と直接交渉することは難しかったでしょう。

さらに、流通販路として弊社が保有する**1700万人の顧客データベースを反映した自社のウェブサイトを活用した**こと。加えて、後に詳述しますが、インパクトある広告コミュニケーションの効果も絶大でした。いってみれば、ソースネクストの**二十数年間のノウハウをすべて詰め込んだプロジェクト**になったのです。

売れた理由をいろいろ分析してみましたが、実はもっとシンプルに、「世界中の人と話せる喜び」や「会話が通じたときの嬉しさ、感動」がなによりも大きかったのかもしれません。

ビジネスとして成功することももちろん大事ですが、「会話が通じて、楽しかった。ポケトーク、ありがとう」という声が多いのが素直に嬉しいです。

我々のミッションは「製品を通じて、喜びと感動を、世界中の人々に広げる」です。「ポケトーク」はこのミッションを具体化したような製品ですから、それを通じて喜んでいただけることは何にも優る喜びです。

インターネットの契約不要にこだわる

「ポケトーク」について、何と言っても画期的だと評価が高かったのは、世界126カ国・地域で使えるSIMを同梱したことでした。

インターネット接続を要する翻訳機の端末でありながら、通信会社とのややこしい契約は必要ありません。毎月の通信料の支払いもなしです。量販店でもECでも、**買ったらすぐに使えて、2年間は更新手続きなども不要**です。先に2年分の通信料金をチャージしてもらっている、といえば話は早いかもしれません。この点は、更新料を廃止した「ウイルスセキュリティZERO」シリーズの発想の延長上にあるものでした。

通常、スマートフォンなどの通信が必要な機器は、通信会社と契約しなければいけません。契約のために混雑する中で長時間待たされ、大量の書類を書かされ、クレジットカード情報を登録させられ、ややこしい説明を受ける。これがいかに面倒なことか。

そもそも契約させられる理由は、毎月お金を払う必要があるからです。そのために、身分証明書を見せ、確実にお金を支払うよう契約してもらう。

しかし、これは料金を徴収する側の論理ではないでしょうか。**利用する側からすれば、どうして契約なんて面倒なことが必要なのか**。なぜ毎月お金を払わないといけないのか。

しかも、延々と払い続ける必要があるのか。

もし、同じやり方で「ポケトーク」を販売したら、今の10分の1も売れなかったと思います。量販店や通信会社のお店に並んでカードを渡され、「1時間後に来て、受け取ってください」と言われたら、ほとんどの人はお待ちにならないでしょう。

スマートフォンの場合は、今や必需品なので、お客さまも面倒だけど仕方なしに並んでくださいます。しかし、翻訳機の場合、そんな手間をかけてまで欲しい人はほとんどいないでしょう。このため、従量制課金は絶対にやめなければいけないと考えていました。

その方策を考えているときに、シリコンバレーでIoT用のSIMを扱うソラコムさんと出会いました。ここでも、私がシリコンバレーに住んでいることが活きたのです。「ポケトーク」の記者発表の直前まで、まだどの通信事業者と提携するか検討していました。ソラコム社のSIMカードを採用することになったのは、同社CTOの安川健太さん、ソラコムUSのCOOの玉川拓さんが、シリコンバレーに住んでいらっしゃることがわかり、直接会って話せたことがきっかけでした。

「ポケトークの記者発表会が11日後にありますが、社長の玉川憲さんに登壇してもらえませんか」と彼らにお願いしたところ、すぐに「大丈夫だと思います」と快諾していただきました。

社長の玉川さんには、記者発表日の前に一度会っておきたいと思い、記者発表日の2日前の土曜日に、一緒に夕食をとる約束をしました。2日前といっても夜でしたので、実際は発表会のわずか36時間前でした。

これほど即断即決でビジネスが進むと、日本人の感覚からすれば「大丈夫かな」と心配になるかもしれません。ただし、**シリコンバレーではこれぐらいのスピード感覚が普通**です。


こうして、これまで世の中になかったＳＩＭ同梱のＡＩ通訳機を実現することができました。だから「ポケトーク」は面倒な契約不要です。月々の支払いも不要。普通に家電製品を買うときと同じく、普通の店頭のレジで買って、箱を開けて取り出したら、すぐ使えます。

「ポケトーク」のマーケットシェアが驚異的に高い理由の一つは、間違いなくこの買いやすさだと思います。**みんなが嫌だな、と思っていたことを取り除いたことが、高い支持につながっている**と思います。

2年経った後でも、ＷｉＦｉにつなげばずっと使えます。デザリングを使う方法もありますし、年間５０００円で更新もできます。もとより2年も経てば、ポケトークの新製品はさらに進化しているでしょう。実際、1号機から2号機に、2号機から3号機と、毎回大きく進化しています。

過去をひきずらない

ゼロベースで作った「ポケトーク」2号機

2018年9月、「ポケトーク」2号機を発売しました。1号機はソースネクストの取扱製品として実質初めてのハードウェアだったこともあり、翻訳機を開発していた海外のメーカーと提携して発売しました。しかし、結果的には、自分たちがやりたかったことが思うようにできない形となってしまったのです。

その反省を活かして、2号機は自分たちで完璧と思えるものを作ることを目標に、ゼロから取り組みました。1号機をすでに発売していましたが、技術は日進月歩ですし、改善できる余地はいろいろありました。

1号機は、翻訳機の上部にある画面も小さく、タッチパネルでもありませんでした。出てくる音も小さめでした。それでも発売に踏み切ったのは、もちろん翻訳精度やレスポンス速度が一定の水準を超え、使えるものだと判断したからです。**待ってくださっている方もたくさんいる中で、発売しないよりはしたほうがいい、という判断**でした。

実際、2万9800円の価値はある、と言っていただけました。初回生産分があっという間に売れたことは先に書きましたが、ある大手量販店からは「並べた途端に蒸発するように売れてしまった」と言われました。本当に、すぐに在庫がなくなってしまったのです。

ただ、**メーカーとしては、より良いものを常に作り続ける義務**があります。バージョンアップを図らねばなりません。

そして出したのが2号機「W」で、これが爆発的に売れることになります。2019年7月時点で、すでに「ポケトーク」は累計50万台を出荷し、今やソースネクストの売上高の約半分を占めるほどになっています。

なぜ2号機がこれほどヒットしたのか。それは、1号機からはるかに進化させたからだと思っています。日経産業新聞では、「ユーザーの声を反映して初代モデルをあえて陳腐化させる開発姿勢は翻訳機市場での覇者を目指すメーカーの意欲と覚悟が表れている」というコメントを頂きました。

2号機を作り上げる過程では、1号機を買ったお客さまから集めた膨大な量のご意見やご要望に、私自身が目を通しました。買っていただいた方の感想というのは、基本的に辛辣です。お金を出してくださっているのだから当然です。なので、そのすべてに目を通しました。そして、これはやるべきだ、という改善項目リストを作りました。

最も大きかったのは、**ＳＩＭを同梱するだけではなく、最初から端末に組み入れてしまった**ことです。

１号機も同梱はしましたが、お客さまにご自身でＳＩＭを差し込んでいただく必要があり、この「ＳＩＭの差し込み方がわからない」というクレームが、ワースト３に入っていたのでした。

そして、想像していたとおり多かったのは、「画面が小さすぎる」という指摘です。同時に多かったのが、「操作方法がわからない」という声。それは、画面がタッチパネルでなかったことにも起因していました。最近では多くの方が普段スマホを使われるため、画面上のメニューやボタンに触れて操作することに慣れています。ところが、それが１号機の画面ではできませんでした。

Ｍａｃのフォントのように、自然な音声にこだわる

お客さまの声をすべて集めると、膨大な量になります。あまりに多すぎて、何をどう改良するべきか、決断に迷いが出るほどでした。ただ、やはり**情報はよりたくさん入ってきたほうが、正しい決断を下しやすい**。基本は、多くの要望を頂いた順に、実現していくことにしました。一方で、情報ソースも確認しながら信用度を測り、やるべきことを決めていったのでした。ユーザー登録時の声、テクニカルサポートに入ってきた声だ

けでなく、毎週のように幕張メッセや東京ビッグサイトで開催していた展示会で得た声も拾いました。お客さまに会社に来てもらってヒアリング会を実施することもありました。

「ポケトークのファンなので意見を言いたい」という好意的な声も重要ですし、「こんなもの二度と買うか」といったクレームの声も重要です。いろいろ集めないと意味がありません。とにかく、お客さまの声を最大限集める仕組みを作ったうえで、何をどう改善すべきか決めていきました。

ただ、お客さまの声に応えていくことは、最低限やるべきことでしかありません。一方で、**私たち自身がどうしたいのか、何にこだわるのか、これも同時に問われる**と考えていました。

アップルのスティーブ・ジョブズさんは、マッキントッシュ（Ｍａｃ）で使われるフォントの美しさに徹底的にこだわったといわれています。その結果、Ｍａｃのフォントの美しさに惹かれて、特にグラフィックデザイナーなどデザインやアートの関係者を中心にファンが広がっていきました。

しかも、フォントの美しさは、マーケットのニーズに従った結果ではありません。彼のこだわりでした。同じく私たちも、お客さまから指摘されるわけではないけれど、やらなければいけないことがあるはずです。自分たちが守るべきポリシーは、自分たちで考えてイノベーションを起こしていかねばなりません。

「ポケトーク」の場合、その一つはＡＩ通訳機のスピーカーから発話される日本語の「声」の質と考えました。自然な発音の美しい声になるようにこだわり、東芝製のエンジンを採用しました。

コンピュータが**言語を音声に変換する自然言語発声は、とりわけ日本語の場合に難しい**といわれます。不自然なイントネーションや発声になりやすいのです。その改善に取り組んでいたのが、東芝さんでした。２０１８年12月に東芝製のエンジンにアップデートしてから、今までのロボティックな声から大きく変わって、自然な声になったという評価を頂いています。

ソースネクストにとっては大きな投資でしたが、それでも採用を決めました。その頃から１００万台以上売ることを目標にしていたので、回収できる算段もたっていたからです。思わぬインパクトを実感したのは、ソースネクストが東芝のエンジンを使うという発表が行われた後、東芝さんの株価が一時３％も上がったことでした。

アクセルを踏むときには躊躇しない

明石家さんまさんにCM出演をお願いしたワケ

「ポケトーク」が大ヒットしたもう一つの要因は、広告プロモーションの成功にあったと思います。中でも、イメージキャラクターとして、明石家さんまさんを起用できた効果は絶大でした。

それこそ芸能界で圧倒的なトーク力を持つのが、さんまさんです。トークといえば、さんまさん。私が関西出身だからひいき目でいうわけではなく、全国を見渡してみて、そういえると思います。製品名が「ポケトーク」ですから、キャラクターとしてこれ以上にぴったりな人はいないでしょう。

しかも、「翻訳機といえばポケトーク」と言われるようなデファクトスタンダード（事実上の標準）のイメージを作りたいとき、**メジャー感を醸し出すうえで、これ以上にない人選**だったと思います。もし競合他社が翻訳機を出してきても、さんまさん以上にメジャー感を出せるキャラクターというのは、そうそういないはずです。

さらに、さんまさんは若い方に人気があるだけでなく、「ポケトーク」の購買層とし

明石家さんまさんを起用したポケトークのテレビCM

てぜひ使ってもらいたい60代でもありますし、購買を検討しているお客さまに**「あのさんまさんが使っているんだ」という好印象を持ってもらえることは、とても大きな意味**があります。

ソースネクストの広告は過去にも、「特打」のCMが賞をもらったり、「驚速」やソースネクストの社名を印象深く覚えてもらっていたり、効果的に活用できてきた自負があります。私の方針は極めてシンプルで「基本的に、すべて任せる」ことにしています。**クリエイティブに対して、口を挟まない**。なぜなら、そうでないと、いいものは作れない、と思うからです。さんまさんが登場する「ポケトーク」のCMでも同様です。クリエイターに、すべてお任せしました。

今回のクリエイティブを担当しているのは、元電通の齋藤太郎さんが立ち上げたクリエイティブエージェンシーのｄｏｆさんです。「角ハイボール」をはじめとするサントリーウイスキーのブランディングを手がけられていることで知られています。私が理事を務めている新経済連盟（代表理事は、楽天の三木谷浩史会長兼社長）のクリエイティブを担当されていたときに出会い、その後、ラスベガスで行われたＣＥＳ（全米民生技術協会主催で世界最大級の家電技術見本市）の当社主催のパーティーにご招待したときに、「ポケトーク」のＣＭを作ってもらえないか、とお願いをしたのでした。

実際に「ポケトーク」を見てもらったら、とても感激してもらえました。「この製品は革命的だ！　デファクト（スタンダード）を取りましょう」とおっしゃって、**重要なことはメジャー感を出すこと**だ、という意見でした。たとえば「検索」といえば「グーグル」とみなさんが連想するように、「ポケトークする」といえば「通訳機を使って話す」ことを思い浮かべてもらえる状態を目指しています。

その後、日本に帰国して、イメージキャラクターとして提案を受けたのが、さんまさんでした。さんまさんなら、競合の翻訳機がどんなタレントを当ててきても負けないだろう、と直感的に思いました。

事前に、さんまさんはＣＭに簡単に出てはもらえない、とｄｏｆの齋藤さんから言われていましたが、出演していただけることになったのです。まさに奇跡でした。

巨額の出演料を払うべき合理的理由

実は、さんまさんが外国人の女性と２人で出ているＣＭは、台本なしでたまたまやっていただいたものです。さんまさんの素の雰囲気が出ていて面白かったので、このままＣＭに使おう、という話になりました。

「ポケトークしよう＝通訳機を使って話す」という認知は、さんまさんのおかげで、予想以上に広めることができつつあると思っています。そして家電量販店の売り場に行けば、さんまさんの等身大パネルとともに、「ポケトーク」がどーんと積まれた状態で迎えてくれるので、テレビＣＭが売り場まで一気通貫で結ばれています。

翻訳機は店頭で販売されているものだけですでに19社から発売されていますが、ひしめき合う売り場の中で、「ポケトーク」は圧倒的な存在感を誇っています。さんまさんの起用は本当に大きな意味がありました。さんまさんのＣＭをやっていなければ、「通訳機といえばポケトーク」というメジャー感をここまで出せなかったし、95％という高いシェアは取れなかったと思います。

後で聞いた話ですが、実はさんまさんを起用するという提案を受けたとき、すんなり私がうなずいたことに、ｄｏｆの齋藤さんは驚かれたそうです。日本で最も有名なタレントのおひとりですから、出演料を考慮して大企業でもためらうそうで、本当にお願いしてしまって大丈夫だろうか、と思われたようです。

たしかに高額でしたが、だからといって、出演料の安いタレントで代わりができるか、といえば、私はまったくそんなふうには思いませんでした。というのも、出演料というのは、年に1回だけの投資です。それ以上にお金がかかるのは、ＣＭの枠を買う費用です。そこに数億円なり、数十億円なり必要で、露出を増やそうと思うほど積み上がっていきます。そこでかかる費用は、出演料が安いタレントを使っても、高いタレントを使っても同じです。だったら、**巨額の電波代をかけるに見合った効果が得られるタレントに出てもらったほうがいい**という判断で、出演料についてためらう理由は、私にはありませんでした。

ソースネクストにとって、久しぶりのテレビＣＭでしたが、**テレビＣＭが打てるかどうかは、その製品でＣＭを打つだけの粗利を稼げるか**、で決まります。逆にいえば、ソースネクストでしばらくＣＭを打たなかったのは、それだけの粗利を期待できる製品がしばらくなかったからです。

さらにいえば、テレビＣＭとの親和性が出るような製品がありませんでした。ところが、ＡＩ通訳機「ポケトーク」は違います。外国人旅行者が増え、東京オリンピックまでもうすぐです。この機会にビジネスを広げていきたいという企業も多いでしょう。

日本のために、「ポケトーク」を多くの人に知ってもらいたいし、多くの人に使っていただきたい。それには、テレビＣＭは非常に有効です。ＣＭ以外でも、タクシー広告、電車広告、インフォマーシャルなど、どんどん露出を拡大させました。

派生するニーズを掘り起こす

「ポケトークS」は英語学習の機能を強化

さんまさんには、2019年12月に発売する3号機となる新たな「ポケトークS」のCMにも登場していただきます。この「ポケトークS」は、従来機と比べて、**ガラッと機能や見た目が変わります**。

まず見た目では（左写真）、機器の大きさが名刺サイズにコンパクトに、厚さも3分の2となり、重さは25％軽減し、わずか75gになりました。そして、画面は1・3倍に大きく、解像度も高くなり、鮮明に見やすくなりました。二つあった操作ボタンは一つになり、側面に音量ボタンがついて、音量調整もしやすくなっています。

中身も大きくバージョンアップしています。

まず基本動作として、訳されるスピードが一段とアップしています。

さらに、**カメラがついて、テキストを撮影すると、それが自動翻訳される**機能がつきました。たとえばフレンチのメニューが読めないとき、カメラで撮影すると、すべて翻訳されて、日本語のテキストが表示され、フランス語の音声で発話してくれるのです。

ポケトーク3号機となる「S」(左)は2号機「W」(右)からフルモデルチェンジ

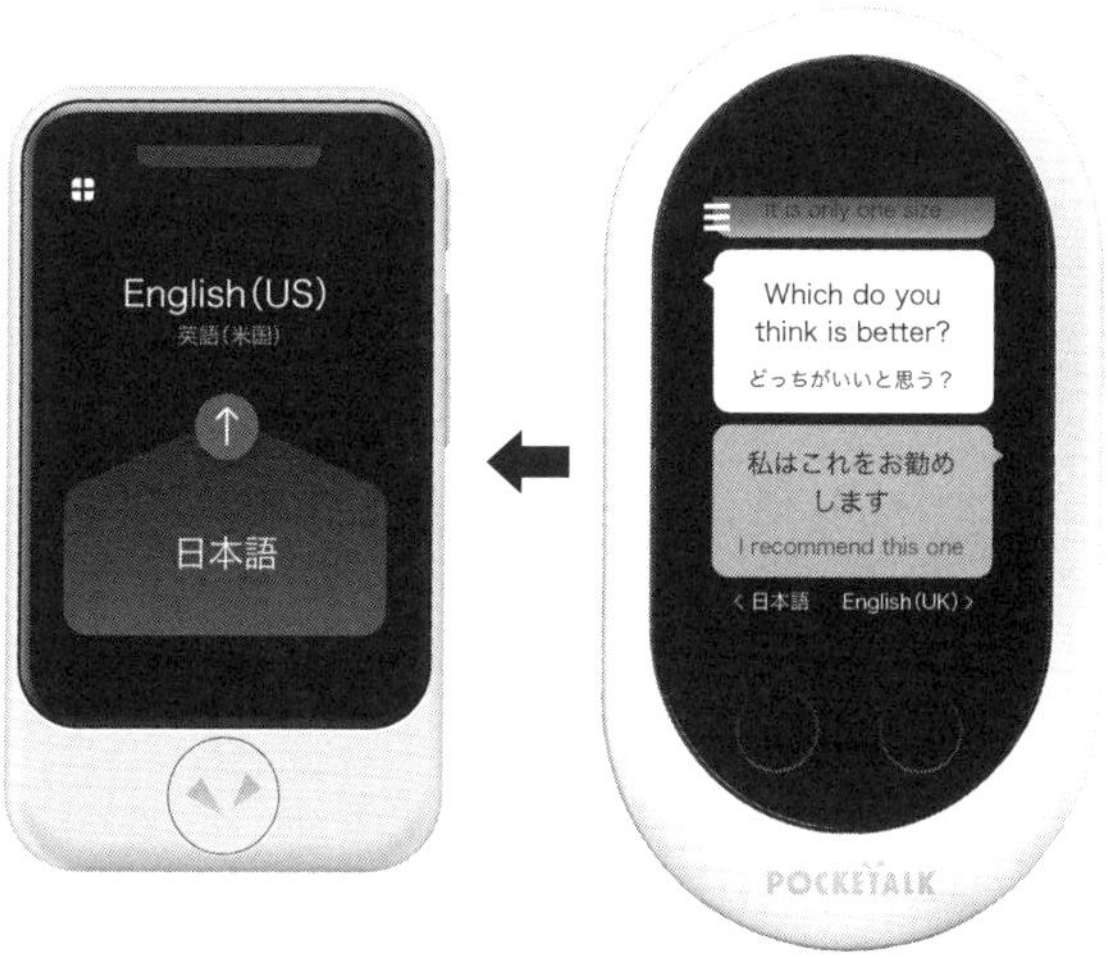

このとき、事前に「フランス語→日本語」と元の言語を設定する必要はありません。どの言語に翻訳したいかを設定しさえすれば、画像認識により自動で元の言語を読み取ってくれます。仕事においても、ちょっとしたメールや論文などをカメラで撮れば、その場で訳が確認できる優れものです。

さらに、これが3号機の大きなウリなのですが、**英語学習ニーズを意識した付帯機能**が付いています。

その一つが、英会話レッスン機能です。英語はとにかく話して試してみることが重要です。「ポケトーク」があれば一人で簡単な英会話のレッスンができるようになります。海外旅行を想定した「入国審査」や「機内食」「チェックイン」「食事の会計」など、さまざまな全36場面で問われた質問に答えると、また返事が返ってくる、といった練習ができるのです。もし質問に答えられないときは、もともとの通訳機能を使って、英語で何と言えばいいかを確かめることもできます。

近年はスカイプ等を通じた対面式の英会話も流行っていますが、これがあれば好きな時間に好きなだけレッスンができます。また、**相手が人間ではないので、仮にうまく話せなくても恥ずかしいことはありません。**今後は、英語以外の言語のレッスン内容も少しずつ増やしていく予定です。これによって、「この日本語の表現、英語で何と言うの?」がわかる「ポケトーク」の機能に加えて、スピーキングのレッスンができるようになったので、今後は教育デバイスとしても展開を広げていきます。

これらの新たなサービスは3号機ならではです。これだけの機能が付いて、3万円未満の2万9800円という価格は死守しました。

また、大きな目玉がもう一つあります。

なんと「ドラえもん」バージョンの登場です! アジアで大人気を誇るドラえもんの「ほんやくコンニャク」のような製品が実現したのです。

ワクワクする、しかも役に立つ商品ですから、アジアの人々を中心に多くの方に受け入れられるのではないか、と今から非常に期待しています。ソースネクストのミッション「製品を通じて、喜びと感動を、世界中の人々に広げる」にまさにふさわしい製品ができました。「世界一エキサイティングな企業になる」というビジョンの実現に向かって邁進していきます。

技術の応用は柔軟に

一つの技術から多彩な製品が生まれる

「ポケトーク」を、1回の買い切り制で、契約も月々の支払いも不要という、それまでにない売り方をすることで、ソースネクストが培ってきた、さまざまな技術やノウハウを組み合わせ、まさにIoT領域で大きな可能性が広がったと思っています。今、**ソースネクストは、ソフトウェアの会社からIoTの会社に変化**していっています。

これまで培ってきたソフトウェア技術に、聞き取り、翻訳、SIM、AIなどのキーワードを組み合わせ、今後もたくさんのIoT製品を世の中に送り出していきます。「ポケトーク」は、その第一弾でした。**大きな潜在成長性を感じるのは、この製品がグローバルSIMを搭載し、日本のみならず世界中で使えるところ**です。だから、海外旅行時や、海外のお客さま向けの展開も考えられます。

そもそも**企業というのは、環境に合わせて主力製品が変わっていくもの**です。IBMに入社したときも最初に教わったのは、創業以来の歴史についてでした。肉量り機を作っていた会社からコンピュータの会社になり、サーバのみならずパソコンを売り始め、今はコンサルティングの会社になったIBMをみてもわかるように、時代に応じてビジネスは無限にあるのです。

「ポケトーク」は最初の一歩に過ぎない

インターネットの翻訳エンジンを使えば、今や本当にびっくりするようなことができるようになりました。たとえば、新聞を読み上げていくと、英語にでもフランス語にでも翻訳してくれます。

「翻訳ができる」ということは、すなわち「日本語をしっかり聞き取れている」ということです。「ポケトーク」開発で、マイクをはじめ、その聞き取り技術を磨いてきたので、今後はその技術を応用した新しいサービスも展開する予定です。

一つには、難聴の方向けに、周囲の会話を日本語でテキスト化して見られるようにする新サービスを検討中です。同様のサービスはスマートフォンやタブレットでも展開されていますが、ただテキストにすることはできても、マイクの精度が悪いため、うまく日本語を拾ってくれません。余計な雑音を拾ってしまい、声と聞き分けられずに終わってしまいます。

しかしこれも、マイクの精度を上げるほか複数のマイクを使うことで、より正確に日本語のテキストを作ることができます。

このサービスのヒントになったのは、「ポケトーク」を「日本語から英語」ではなく、「日本語から日本語」に設定して使っている人がいる、と知ったことでした。難聴の方と「ポケトーク」を使って会話しているというのです。難聴の方向けにサービス開発を進めれば、もっと多くの人に役立つことができる、と思いました。

このほか、「ポケトーク」で使ったＳＩＭを活用するサービスも、アイデアがつぎつぎに出てきています。**契約不要でインターネットに接続できるサービスが、ほかにもできる**のではないかと考えました。

たとえば、ＧＰＳトラッカーがあります。子どもに持たせておくと、今いる位置がわかるサービスで、「ファミリードット」という名前で２０１９年９月に発売を開始しました。従来はこういった製品も、毎月定額の支払い形態なので、契約するにも解約するにも、通信会社のショップに行って、長時間待たなければなりませんでした。結局、子どもが成長して大きくなったのに、解約を忘れたり、解約の手間が億劫で、ずるずる払い続けている人も多くいらっしゃると聞きます。

これも「ポケトーク」のように、買い切りにしてしまったら格段に利便性が上がって、利用者が増えるのではないか、と考えました。量販店でもECでも買ってすぐに使える。契約もいらないし、月払いもいらない。そんなふうに改良できれば、需要はもっと広がるはずです。

世の中では今、IT分野で先端を走るGAFA（グーグル、アップル、フェイスブック、アマゾン）に対して、世界的に逆風が強まっています。ですが、GAFAのおかげで、ポケトークの誕生や躍進も可能になりました。グーグルのエンジンのおかげでポケトークが誕生し、アマゾンのおかげで世界展開が非常に容易になりました。フェイスブックやアップルがなければ、素晴らしいパートナーとつながることもなかったわけで、GAFAには非常に感謝しています。

プロダクトだけが国境を越える

グローバル化の理想はソニーのウォークマン

「ポケトーク」は、グローバルな市場でも大きなポテンシャルがある、と考えています。

世界中の主要言語について翻訳できるのですから、世界中で需要があるはずです。

日本は特に英語が苦手な人が多いので、「ポケトーク」が売れると予想していましたが、実は日本以外でも好評を博しています。英語をメインで使う国ではそれほど需要がないと思っていたのですが、まずニューヨークのマンハッタンにある百貨店メイシーズで、最初に「ポケトーク」を売り始めました。

メイシーズの中の「b8ta」というＩｏＴデバイスを中心に扱うお店で販売するのと同時に、b8taの販売員も接客に「ポケトーク」を使っています。なぜならニューヨークのメイシーズには、さまざまな国から多くのお客さまがやってくるからです。b8taの販売員から直接聞いた話では、お客さまから最も多く受けるのは「トイレはどこですか？」という質問だそうです。ところが、その説明がかなり厄介なのです。「エスカレーターを上がって、左に曲がって真っすぐ行って、突き当たりを右」などと辛うじて英語では言えるかもしれません。でも同じことをスペイン語や中国語、韓国語で説明できるかというと、ほとんどの人が白旗を上げるでしょう。

ヨーロッパでも売れるという手ごたえを得ました。ドイツ・ベルリンで開催された国際コンシューマー・エレクトロニクス展示会「ＩＦＡ ２０１８」で賞を頂き、そこで

100社以上から「取り扱いたい」という引き合いがあったのです。また、アジアからも多くの引き合いをいただいています。

需要がないところで、**ゼロから需要そのものを掘り起こすと大きなコスト**がかかりますが、まずは需要のあるエリアを確認できました。

とはいえ、私は冷静です。むしろ、北米を中心とした英語圏への展開は**慎重に進めないといけない**と思っています。たとえば「ポケトーク」は翻訳機ですが、アメリカ人は英語が世界標準だと思っているので、日本人ほど翻訳機を求めていないのです。だから、いきなりアメリカで100億円の売上を上げよう、などとは考えません。

グローバル化については、先陣を切った企業で何が起きたのか精査し、冷静に見極める必要があります。とりわけ**IT企業に関しては、もしかするとアメリカで成功している日本の企業はほぼない**、といっていいほど存在感がありません。

なぜみんな失敗するのか。

それは、アメリカでいきなり売ろうとするからだ、と私は思っています。アメリカで売ったことのない製品を、アメリカでプロモーションして売ろうとしたら、莫大なお金がかかります。それで何社も、撤退していきました。

でも、それは当たり前だと思うのです、逆も真なりで、日本で成功しているアメリカ発企業はいくつもあるようですが、実はその多くが無残にも撤退しているからです。

この日本というマーケットを攻略するには、外国人にとってハードルがいくつもあります。想像もできない日本の複雑な商習慣。通じない英語。日本ならではの特殊なニーズ……。いかに多くのアメリカの会社が無残な敗走を余儀なくされたか。

私はそれを見てきたので、同じ手法でアメリカに出てはいけない、と肝に銘じています。シリコンバレーに移住後、アメリカという市場で売ることを最初の目標にするのではなく、まず、アメリカのコンテンツを日本で売る、というビジネスを強化することからスタートしました。

そうすれば、赤字になりようがありません。コストがほとんどかからないからです。せいぜい私の活動費くらいで、マーケティングコストはほぼゼロです。そしてアメリカというＩＴの最前線で情報を入手でき、コンテンツを手に入れられます。実際、大きなプラス効果が出ています。ＩＴの世界は変化が激しいですが、この数年でソースネクストの主力ラインナップには、アメリカで契約した多くの製品が加わりました。

日本を代表するＩＴ企業がつぎつぎに海外で大きな損失を出している。だからこそ、きちんと成功できるよう、周到に準備したいのです。製品も、どのタイミングで、どのバージョンで、どういったジャンルで勝負するかを見極める。

もちろんビジネスですから、どれだけ準備しても失敗することはあり得ます。でも、**簡単に撤退し、やめてしまうようなことはしたくない**のです。

慌てずにまずは日本を攻める

ただ、その一方で、ある確信めいた感覚も持っています。それは、**日本の企業もプロダクトなら成功しやすいのではないか**、ということです。サービス系はやはり難しい。あのウォルマートですら、日本では苦しんでいます。サービス・流通系を異国で根付かせるのは、やはり容易ではありません。

でも、**ソニーやトヨタ自動車が成功したように、プロダクトだけは国境を超えられる**のではないか、と思っているのです。プロダクト以外で成功する可能性もなくはないでしょうが、私はここでは定石を採りたい。プロダクトだけは、国境を超えられるわかりやすい方法なのではないでしょうか。

当社の社外取締役に元ソニー社長の安藤国威さんに入っていただいているのは、ソニーがなぜ成功したのか、あのソニーを世界的なブランドにした盛田昭夫さんはどんなふうに行動したのか、直接、聞いてみたいという思いをずっと持っていたからです。

理想は、ウォークマンを出した時代のソニーです。日本企業で、最も世界に広まった最高のブランドです。世界に出ていく、というときに、私の中にはソニーのイメージがあります。あのときのソニーにできたのであれば、現在の日本企業にもできないわけはないのではないか、と考えています。

ソニーは、さまざまなプロダクトを出していましたが、その象徴がウォークマンでした。そのウォークマンに匹敵する成果が、「ポケトーク」なら実現できるのではないか、と考えているのです。

ただ、先にも書いたように、慌てていません。翻訳機の市場が最も大きいのは、日本だと私は思っています。

そして外国人がどんどん日本にやってきていて、２０２０年には東京オリンピックもあります。面白いのは、今は外国人が日本に来て、なんと日本で「ポケトーク」を買っていることです。どうして日本ではこんなに英語が通じないのか、翻訳機がないとやっていけない、と家電量販店で買っていかれます。大阪のある量販店では、外国人による購入が半分を占めていると聞いています。

日本人に加え、３０００万人を超える外国人観光客が「ポケトーク」の潜在カスタマーだとしたら、これだけでもとんでもなく大きなマーケットです。そして、「ポケトーク」を買った観光客は、それを母国に持ち帰って、世界中に広めていってくれるでしょう。

この「翻訳機」のマーケットを、私は大事に育てていきたいのです。久しぶりに、日本から世界に広がる製品が出た、と言ってくださる方も多くいらっしゃいます。「製品を通じて、喜びと感動を世界中の人々に、広げる」という当社のミッションに、まさしく合致した製品です。派生するビジネスも含めるとマーケットは非常に大きいと思います。

ITやゲーム専用機の世界では、OSを手にした会社が世界を制覇しました。日本がITで出遅れたのは、マイクロソフトにOSを取られたからです。出てくる仕様書はすべて英語であるにもかかわらず、技術者で英語が理解できた人はごくわずかでした。それが出遅れにつながった一つの理由だと思います。

逆に、ゲーム専用機は任天堂やソニーがOSを取りました。だから、今も強い。AI通訳機はOSに匹敵するものだと私はとらえています。ここから派生した製品がたくさん出てくるはずです。

そして何よりAI通訳機は、日本を変える。**言語の壁を取り払い、この国を大きく変える**可能性を持っている。大事に育てていかなければいけない製品です。

「買いたい」直感を探る

第2章

売り場での実感が決断力になる

みずから店頭に立って売って見える真実

英語のソフトを日本語にローカライズ（現地に合わせた翻訳かつプログラミング）し、日本で販売することから始まったソースネクストのビジネスですが、最大の問題はそれを「どうやって売るか」でした。私はエンジニア出身ですからプログラミングの技術は持っていましたが、営業を一度もやったことがない中で消費者向けにソフトを売るなんて、いったい何をどうすればいいいか、見当がつきませんでした。

最初の製品となった子ども用の算数学習ソフト「算数戦士ブラスター」は、アメリカで約2００万本売れた大ヒットソフトでした。幸運だったのは、すでに他社が請け負っていた日本語版制作と販売が、まるでうまくいっていなかったことでした。それなら、と任せてもらったのですが、**技術的なローカライズはできたものの、「どうやって売るのか」という問題に直面**しました。

今から考えれば驚くべきことですが、何も知らなかったがゆえに、私は大胆な行動に出ました。秋葉原に直接行って量販店に置いてもらい、直接お客さまに売ればいいのではないか、と思ったのです。

幸運なことに、当時あったパソコンショップのＴ・ＺＯＮＥで働いていた友人のフロア長に相談してみると、とりあえず定価の半値で買ってもらえることになりました。定価が９８００円の製品を４９００円で20個仕入れてもらえたのです。これで9万８００0円の売上になりました。でも、在庫が足りなくなるといけないと思った私は、家から80個の在庫を加え、１００個束ねてお店に持っていきました。しかも、それを自分自身が店頭に立って売ることにしたのです。

以降、**平日は新しい製品のローカライズのためのプログラミングをし、休日には小売店の店頭に立って接客する日々**が始まりました。

おかげで、わかったことがあります。それは、最終消費者であるお客さまのニーズがどこにあるのか、です。

たとえば、算数の教育ソフトを店頭で販売していると、こんな声が聞こえてくる。

「算数の教育ソフトもいいんだけど、英語の教育ソフトもあったらいいなあ」

そのあとアメリカに飛んで、英語の教育ソフトを調達してきました。当時は、年間30万〜40万円ほどかけてアメリカのソフトの販売データを買い、そのリストの中から、アメリカで売れているけど日本にまだないソフトを見つけていきました。

また、コンピュータ産業のリアルな姿もわかりました。ちょうどパソコンがブームを迎える直前の時期で、ソフトを売ろうにも、そもそもパソコンを持っていない人がほとんどでした

私は幸いにも、前職からパソコンの知識を持っていたので、T・ZONEでも、のちに売り場に立つことになるソフマップなどの量販店でも、せっせとパソコンを売っていきました。**数千円のソフトを売るために、まずパソコンを売る**。これが、売り場で喜ばれないわけがありません。おかげで、あちこちの量販店から引っ張りだこになりました。

さらに、ソフトウェア産業の方向性もはっきり見えました。当時、販売されていた子ども向けの教育用ソフトは、ほとんどがMac用でした。ところが、売れていたパソコンは、Windowsパソコンばかりだったのです。

ソースネクストが迷いなくWindows用ソフトの販売に注力できたのは、このときの経験があったからです。他社でもここまで思い切ってWindows用ソフトの品揃えをしたところはなかったと思います。ここまで**徹底して振り切れたのは、売り場でWindowsの波を実感していたから**にほかなりません。

レジを通るまで売上は立たない

そしてパソコンユーザーが増えてくると、今度は売り場で新たなニーズが見えてきま

した。

詳しくは後述しますが、発売されたばかりのＷｉｎｄｏｗｓ95の立ち上がりが遅く、アプリケーションソフトの動きも遅い、という声が増えていたのです。そこで生まれたのが、「鷲速」でした。

また、売り場では、恐る恐る両手の人差し指でキーボードを押している人が少なくありませんでした。これが、うまくキーボードが打てるようになるタイピングソフトが求められている——という気づきにつながり、生まれたのが「特打」でした。


そして、みずから店頭に立って売ってみて、何よりも大きな学びになったのは、売るのがいかに大変なことか、を知ったことでした。作って納品した後、お客さまに買っていただくまでのプロセスこそが大事だ、ということです。

お客さまが商品を手に取り、それをレジに持っていかない限り、売上にはならない、という厳しい現実。私が感じたのは、売り場でお客さまに買っていただくことにこそ力を注がないといけない、ということでした。

逆にいえば、**ソフトの中身を必要以上に凝る必要があるのかどうか**。中身はむしろ、自分以外の誰かにやってもらったほうがいいのではないか。それよりも、お客さまの目を惹くパッケージや、これぞという特徴を示すコピーに力を入れたほうがいいのではないか……。そんなことを考えるようになっていきます。

BtoCのビジネスは、BtoBのビジネスと違って、営業担当者がついて一社一社、セールスしていくことはできません。お客さまは、営業のいない売り場でソフトを手に取って、レジに持っていくわけです。

そうすると、お客さまがたくさん集まるコーナーに製品が置かれていないと、見つけてもらえません。店の奥にひっそり置いてあるよりはレジ前に置いてあったほうが目立つし、レジまでの距離が短いほうが買ってもらえる確率は高まります。だから、まずは店の売り場の中で、良い場所を確保する。そこでパッケージで気を引き、キャッチコピーに目を留めてもらって、**さぁ買おうとレジまで持っていってもらう――この導線を作る工夫こそが必要**になる。

大きなPOPに目を留めたり、良いキャッチが書かれたソフトに手を伸ばしたり、シールが1枚貼られただけで、まったく売れ行きが変わったり……。

今でも売り場は極めて重要と思っているので、少なくとも年に2回は売り場に立ってみずからお客さまに販売します。**売り場にこそ、本当のリアルが潜んでいる**からです。

みんなの「困った」を解決する

600万本売れた「驚速」開発秘話

ソースネクストというと、製品のネーミングのユニークさでご記憶くださっている方も少なくないと思います。たしかに、インパクトのある意表を突いたネーミングにこだわってきました。加えて、お客さまの支持をいただけて成長できた背景には、いくつかの理由があると思います。

一つは、**Windowsのコンシューマー向けソフトに注力**したこと。当時はコンシューマー向けソフトといえばMac向けが一般的だった中、Windowsのポテンシャルに懸けたのです。Windowsのコンシューマー向けソフトは、まだほとんどなかったため、思い切った製品をたくさん出せました。

そしてもう一つは、**創業者である私自身が積極的に売り場に立っていた**こと。お客さまのニーズや、求められている製品のヒントを、お客さまと触れ合う中で直接つかむことができました。そして、どんな製品が手に取られやすいのか見続けてきたことで、パッケージデザインの重要性に気づきました。インパクトのあるネーミングにこだわるの

累計600万本売れた「驚速」シリーズ

は、ただ面白いからではなく、そうした経験からきています。

たとえば、起業直後に生まれた大ヒット商品は、１９９６年に発売した「驚速95」です。シリーズ累計で実に６００万本売れました。

Ｗｉｎｄｏｗｓ95が大きなブームになった当時、お客さまから戸惑いの声が聞こえてきていたのでした。

Ｗｉｎｄｏｗｓ95は、それまでのＯＳに比べてＯＳ自体の容量が大きく、「重かった」のです。せっかく最新のソフトを買ったのはいいけれど、インストールしてみたら、「ワード」も「エクセル」も「一太郎」も、なかなか立ち上がらない。砂時計マークが、ずっとクルクル回っている。どうにかならないのか――。

パソコンに詳しい人は、その対応策を知っていました。メモリの増設です。パソコンの筐体にあるネジを回して開け、マザーボードにメモリを差せばいい。これだけで、すぐにソフトの立ち上がりが速くなります。価格は、だいたい1万円くらいでした。

しかし私は、一般のお客さまに各自でやってもらうのは極めて難しいと考えました。そもそも、パソコンの筐体を、ネジを外して開け、メモリをおそるおそるマザーボードに差す作業を、一般のお客さまがやりたいはずはない――。

そこで私が考えたのは、ソフトを使って速くすることでした。

実際、ワープロソフトの「一太郎」は、立ち上げに10・6秒かかっていたものが、6・3秒に短縮できました。ワードも、エクセルも、どのくらい速く立ち上げられるようになるか、短縮時間を一覧表にしてパッケージに掲載しました。

開発会社に頼んだのは「究極のシンプルさ」

そして、もう一つ**私がこだわったのは、とにかく操作を徹底的にシンプルにすること**でした。実は、パソコンやパソコンソフトを高速化させるソフトは、すでにあったのです。しかし、仮想メモリを手動で設定するなど、かなりマニアックなソフトでした。

「驚速」は外部の会社に開発を依頼したのですが、そのときに私がとにかくお願いしたのは、「ややこしい操作にしない」ことでした。メニューは「オン」と「オフ」だけで、あとは、Ｗｉｎｄｏｗｓとアプリケーションの立ち上げ速度を速くする「結果」だけ出してほしい、と伝えました。

実際のお客さまがすべき操作は、「驚速95」をインストールするだけ。「パソコンのソフトは、なんだか操作が面倒そうだ」というイメージを打破し、操作の常識を変え、とにかく簡単にしたことが、大ヒットにつながったのです。

「煩わしさをなくす」ことが、ソースネクストの発想なのです。一般の人にとっての大きな負担を、全部取り除いていこうと考えました。しかし、もともとパソコンやアプリに詳しい人たちは、そうは考えなかったのでしょう。実際、「驚速95」の開発会社も、私たちが事前に多くの開発費を用意したので従ってくれたものの、そうでなければ、私の意見も聞き入れてもらえなかったと思います。

私もかつて開発者だったからわかりますが、**プログラムを書くエンジニアというのは、「どうだ、このソースコードすごいだろ?!」と自慢したくなるようなものを作りたくなる**のです。しかし、最終ユーザーに、開発者の自己満足は関係ありません。

お客さまにとって、インストールするだけで何の設定もいらないこの「驚速」は、本当にびっくりするくらい売れました。なんと店頭では、大ブームとなったOSのWindows95よりも売れたときがあったほどでした。

そして、Windows98が出れば「驚速98」、Windows2000が出れば「驚速2000」と、OSがバージョンアップしていくたびに、大ヒットを記録していきました。〝パソコンを速くするなら「驚速」〟というブランドイメージが確立され、すでにデファクトスタンダードになっていたからです。

面白いものしか続けられない

日本のために、と考えて当たった「特打」

ソースネクストのユニークな製品といえばもう一つ、1997年に発売になったタイピングソフト「特打」を記憶してくださっている方が多いと思います。当時、高視聴率を誇ったTBSテレビの看板番組の一つ「筑紫哲也NEWS23」のスポンサーになって、CMを流していたので、覚えている方もいらっしゃるかもしれません。

「特打」も、日本（人）に対する私の危機感から生まれた商品でした。ソフトのライセンスの買い付けにアメリカに出張に行ったとき、60代ぐらいのアメリカ人女性がパソコンのキーボードを打っているのを見たことがありました。

これが、猛烈に速いのです。というのも、アメリカにはタイプライターの文化があったので、キーボードに抵抗がありませんでした。


ところが、パソコンブームに沸いていた日本はどうだったか。

年配の人どころか、若い人ですらキーボードを打つ手つきは、たどたどしいものでした。私は創業当時からよく量販店の売り場に立っていたので、手元を見ないでタッチタイピングができる人は、ほとんどいないことがわかっていました。実はソースネクスト社内でも、ソフトウェアの会社なのにうまくキーボードを打てない人が多かったのです。

私は当時31歳でしたが、これはまずいことになる――と危機感を持っていました。これからパソコンがビジネスにも浸透し、メールのやりとりも当たり前になる。そんな中で、おぼつかない手つきでキーボードを打っていては、日本は世界に置いていかれる。コミュニケーションがまともにできなくなる、と思ったのです。だから、「特打」は日本のために作ろう、と考えました。これからの日本のために、必須のソフトだ、と。

このとき改めてわかったことは、**お金儲けに関係なく、社会のためにやろう、と考えたものは、かなりの確率で売れる**ということです。近年ソースネクストが発売したＡＩ通訳機「ポケトーク」でも同じです。このまま英語が使えないと日本はまずい。言語で

ゲーム感覚の内容（右2点）が受けた「特打」

大きく損をする。

「特打」は、今までで累計600万本以上売れるほどご好評いただいています。

この「特打」の開発にあたっては、これまでにない面白いものにしなくてはいけない、と考えていました。**人は面白いものなら続けられる**からです。

ゲーム感覚で楽しく続けていれば、タッチタイピングはできるようになる、と私は思っていました。だから、その**習慣化して続けられる仕組みこそが大事**になる。実はタイピングソフトでも、まじめなものはすでに販売されていましたので、今までにない楽しいソフトを作る必要がある、と考えました。

しかも、ターゲットをかなり絞りまし

た。当時30〜40代の男性です。というのも、**この年代の人々には、一つの習性がある**からです。若い人の前で打てないのは恥ずかしいので、コソコソと家で練習したい。家でやるなら、楽しくやりたい。このニーズに、まさしくマッチするものを作ろう、と思ったのでした。

実際、これはとても好評だったのですが、「特打」には他のタイピングソフトのようなキーボードの絵が出てきません。練習するためのメニューに文字もない。登場するのはイラストだけで、ユーザーにも衝撃だったようです。しかも、うまくできると「すごーい！」などとソフト上のキャラクターが褒めてくれる。これが、非常に好評でした。

ネーミングはターゲットとコンセプトに合わせる

また、**ネーミングも大きなポイント**だったと思っています。「驚速」をすでに出して大きくヒットしていましたから、「速い」という言葉を使ったほうがいいのではないか、という意見が、社内から続出しました。

しかし**「特打」にこだわったのは、プロ野球のワードでもあったから**です。ターゲット層が好きなプロ野球が、まさに全盛の時代でした。野球の世界で特打というのは、バッターが打てなかったときにやるもの。いってみれば、隠れてコソコソ練習するものでした。要するに、コンセプトにぴったりだったのです。

だから、「特打」というネーミングにすれば、どういうことを意味しているのか、ターゲットとなる年代の人々にはすぐにピンとくる、と思ったのでした。ただし、若い社員たちは、まったくピンときていないようでした。

そこで若手の説得材料になったのが、スポーツ新聞です。当時、スター選手だった松井秀喜選手らが打てなくなると、「松井、特打」などと大きく一面で報じていました。ネーミングを決めるにあたり、そうしたスポーツ新聞を見せながら「『特打』という名前にしたら、無料で広告が打てるぞ」と言って、若い社員を説得しました。

後述しますが、ソースネクストがミッションとして定めている**「製品」というものの価値を、「特打」は改めて教えてくれた製品だった**、と私は思っています。「製品」を出すことの意味や重要性です。

たとえば1997年当時、タイピングを学ぼうとすると、パソコン教室が一般的でした。5万円ほど払って通い、タイピングを覚える。教える側も、一人5万円しかもらえない。サービス業は、提供される側もする側も嬉しくないビジネスモデルです。ところが「製品」になると、提供される側もする側もお互いにとって非常にハッピーなビジネスモデルになります。

当時、「特打」の価格は、売価で約3000円でした。自分の好きなときにいつでも練習できて、払うのはたった3000円です。そして、製品を作った当社側はというと、

600万本売れたのですから、180億円も売り上げたわけです。このように**お客さまと提供側の双方に大きなＷｉｎ（メリット）を生むのが、「製品」のパワー**です。

人が人に教えるのであれば、払う側は一人5万円かかり、もらう側も一人5万円にしかなりません。しかし、「製品」になった瞬間に、払う側はたった3000円でよくなって、もらう側は180億円にもなり得ます。「製品」という形態は、両者にとってＷｉｎで、社会にも大きく貢献できるのです。

カッコよさより安心感

クラウドソフトをパッケージで売る

まさか！と業界内外で仰天されたパッケージの一つが、2010年に出した「Evernote」のパッケージ版です。「Evernote」はもともとクラウドサービスですが、ソースネクストはこれをパッケージ化して箱に入れ、量販店で売り出したのです。

今でも覚えていますが、きっかけは若い社員の一言でした。今はどんなものが流行っているのか、と尋ねて返ってきた答えが「Evernote」でした。「クラウドサービスで、ものすごく便利」と言うわけです。

クラウドサービスをパッケージ化した「Evernote」

無料でダウンロードした「Evernote」を、プレミアム版にするためのクーポンコードを箱に入れて販売しました。箱に入れて販売する必要性はないのですが、あえて箱にして販売しました。なぜかといえば、このほうが**店頭で目立ち、それに気づいたお客さまが手にとって買ってくれる**と思ったからです。

ヒントは、２００３年に大ヒットした「いきなりＰＤＦ」という製品でした。ＰＤＦがすぐに作成できるソフトで、競合の商品が３万円以上していた頃に１９８０円で発売し、驚異的に売れました。

実はＰＤＦに関しては、すでに操作方法などを解説する書籍がたくさん出ていたのですが、その値段はだいたい１５０

0～1800円でソフトウェアも入っていませんでした。そこで、お客さまは**書籍と比べて、実際にPDFを作って勉強できる1980円のソフトを買っている**、ということが寄せられてきた声からわかりました。とりわけ中高年以上には、そういう買い方があるのです。

このときも、「Evernote」に関して、すでに多くの解説書が出ていました。しかし、本を読むだけではピンときません。これが、「いきなりPDF」のときのように、「Evernote」のプレミアムバージョンそのものが店頭で売られていたので、お客さまも「使いながら勉強しよう、そのほうが習得は早いのではないか」と考えたのでしょう。

しかも、インターネットでプレミアムサービスを買っても、対面でサポートは受けられません。ところが、量販店で買えば、対面でいろいろと尋ねることができます。パッケージソフトを買っていた人たちは、今までずっと箱で買ってきたため、**箱で買えることに大きな安心感がある**のです。

「Evernote」も、なんだか話題になっているみたいだし、やってみたいなあ、と思っていたときに、量販店に行くと箱に入って目立って売っているのを見つけた。なんだ、ソースネクストが出しているんじゃないか。それならちょっと買ってみよう、という流れだったのだと思います。

こうして、「Evernote」は当社のヒット製品になりました。

ビジネスパートナーにリスクを取らせない

「Dropbox」も当時から大人気のクラウドサービスでした。今回も、「Evernote」のときのように、箱にすれば間違いなく売れると思い、実際に大ヒットしました。「Evernote」も「Dropbox」も、クラウドサービスの会社にしてみれば、「箱に入れてパッケージにして売る」という発想は、想像もつかなかったことだと思います。

私は「Evernote」の販売権を交渉するにあたって、アメリカの本社に3日連続で行きました。

先方が納得したポイントは、日本でソフトがどんなふうに売れてきたか、という点でした。**日本でブランドを築くには量販店の店頭が有効である**、とアピールしたのです。もともと私たちは、日本で最もパソコンソフトを売っていた会社ですから、自信もありました。

しかも、箱はすべてソースネクストが作り、北海道から沖縄までパッケージを並べるコストもすべてソースネクストが負担する、という先方のリスクがゼロのビジネスモデルを提示しました。

私の事前の算段として、仮に売れても箱代のコストもあって大きな利益にはならない、と考えていました。それでもやろうと決めたのは、**ソースネクストらしい斬新でユニー**

クなビジネスだったからです。

実際、クラウドサービスをパッケージで売るという取り組みはニュースになり、大きな驚きを持って受け止められました。たくさんのメディアに取り上げられ、人々の知るところとなり、これが売れ行きを後押ししました。そして、ソースネクストが**クラウド時代にも、きちんと対応して踏み出しているということもアピール**できました。

「Dropbox」を出した2013年あたりから、ソースネクストのイメージが少しずつ変化していきます。流れが変わり始めたのです。また、私がその頃シリコンバレーに移住したことで、業界の潮流変化をとらえ、強く推し進めていくことができました。

このとき、クラウド系のビジネスに取り組むにあたって、「Evernote」と「Dropbox」の販売権を持っている効果は絶対で、これらの日本での販売を手がけた会社だと言うと、日本に進出を考えているクラウドサービスの会社がどんどん当社にアプローチしてくれるようになったのです。

最もカギとなる会社を押さえていたので、箱を見せながら、「こうやって売ります」と説明すればよいだけでした。2社の成功を、よく知っていたからです。自分たちも彼らのようになりたい、と。

この風変わりな取り組みは、アメリカでも知られるところとなったのです。

ピンときたら、合理的に検証する

まさかの日本IBM退職、そして起業

人生というのは、まったく思いも寄らない方向に進んでいくものです。

私自身を振り返ってみて、本当にそう思います。起業するなんて、まったく予想もしていませんでした。自分が海外に住むなどということも、思ってもいませんでした。大学時代までは、故郷の関西からもほとんど出たことがなかったぐらいです。

最初に大きく運命を動かされたのは、20歳のとき、大学の教授が放った一言でした。

「**これからの時代は、英語とコンピュータだ**」

そう聞いて、たしかにそうだと思ってしまった自分がいました。私は大学の数理工学科で学んでいましたが、数学なんかやっても将来の役に立つだろうか、と疑問を感じたのです。

もともと**自分なりに「これだ」と思える答えを、直感的に見つけようとする**性質がありました。このときも、「これだ」とひらめいてしまったのです。こうと決まると、じ

っとしていられません。

いきなり通い始めたのが、英会話スクールです。しかも、詐欺まがいの勧誘に、まんまと乗ってしまったのでした。

ある日「抽選に当たりました！」と電話がかかってきて、なんて自分は運がいいんだ！と受け取りに行くと、英会話学校の会議室に、自分と似たような学生や若い会社員が集められていました。

「本日差し上げる教材はこちらです。ただし、こちらは初級編なので、英語が話せるようになりたい方は、中級編と上級編も買っていただく必要があります」しめて50万円。学生向けにはローンも組めるといいます。いつの間にか出入口は閉じられ、両脇を固められてサインしていました。

ただし、**脅されて仕方なくという感じでもありませんでした**。生来、なんでもポジティブにとる私は、「ちょっと高いけど、英語を勉強できるきっかけになっていいか。家庭教師のバイトを増やさなきゃなあ」というぐらいに考えていたのです。

ところが、月々2万5000円ぐらいのローンを組んだ数日後、今度は別の英会話学校から似たような教材を勧められます。前回よりさらに高額で、100万円でした。でも自分はこの教材が「絶対に欲しい」と思いました。当時のMSXパソコンとレーザーディスクを組み合わせたもので、コンピュータ好きだった私の琴線に触れたのです。

たとえばレーザーディスクで、空港の入国審査の映像が出てきて、"What's the purpose of your visit to US?"(「どのような目的でアメリカに来たのですか?」)と問いかけられるので、それに対する答えをパソコンのキーボードで入力する。すると、正解か不正解かがわかる、という教材です。

極め付きは、外国人といつでも話せるフリートークのクラスが付いていたことです。昼の12時から夜の8時まで、いつでも教室に来て自由に話していい、というのは、非常に魅力的でした。

こちらのほうが、先の50万円の教材より欲しくなりましたが、両方買ったら合計150万円になってしまいます。

そこで、「150万円はさすがに難しいので、先に契約した50万円の教材をキャンセルしてくれたら、100万円のほうを契約します」と交渉したところ、いくらか手数料を払ってキャンセルすることができました。

私は**払った分はとにかく元を取ろう**とします。子どもの頃からとにかくなんでも数字で考えてしまうクセがあるので、「フリートークで時間当たり1000円以上も支払うのはイヤだな」と直感的に思い、1000時間通うことを決めました。100万円÷1000円=1000時間です。

それからは、とにかく英会話学校に通いまくりました。外国人とフリートークをするのですが、英語がとっさに出てこないので、「今日はこれを話そう」とテーマを決めたら、構文を調べて丸暗記しては、そのまましゃべっていました。いつしか趣味の話も出し尽くして、時事ネタを話題にするために、英字新聞を読んだり、関西で唯一バイリンガル放送だったＮＨＫのニュースを毎日テープに録って聞いたりしました。

それで本当に１０００時間以上通ったら、ＴＯＥＩＣで８７０点が取れてしまったのです。新卒で日本ＩＢＭへ就職が決まったのも、このときの勉強が効いたと思います。入社後は、コンピュータについて本格的に学びました。まさに、「英語とコンピュータ」に辿り着くことができたのです。

日本ＩＢＭでは入社直後から、ある大手銀行のシステムを開発するプロジェクトに関わっていました。ところが、また運命的に想定外の出来事が起こります。その銀行が合併することになり、プロジェクトが立ち消えてしまったのです。もしこの合併がなかったら、私は今もまだＩＢＭにいたかもしれません。

そして、その銀行のプロジェクト中止後は、入社後にさらに勉強してＴＯＥＩＣで９００点をマークしたことを買われたようで海外のプロジェクトにアサインされ、ニューヨークに行くことになりました。入社２年目のときです。アメリカの投資銀行のシステム開発でした。そのときパソコンのOSに使われていたのが、Windows。Windows95が大ブームになる5年も前のことです。

年収600万円なら失敗しても何とかなる

IBMの本流はメインフレームと呼ばれる大型コンピュータですが、私はこのアメリカの投資銀行のシステム開発で、WindowsをOSとする個人向けのパソコンを使ったシステム開発も経験することになりました。当時のIBMでは〝奇跡のキャリア〟といえます。これが起業後の、Windows対応のソフトを作るというアイデアにつながっていきました。

とはいえ、今だから冷静に振り返れるのであって、私はニューヨークに着いた1日目から、自分の未熟さを思い知らされショックを受けました。

英語力のみならず、コンピュータに関する知識も、金融の知識もありません。わからない言葉はすべて辞書を引いて意味を調べられるよう、金融用語辞典や金融用語英和辞典など、専門的な辞典を何冊も持って歩いていたので、重くて大変でした。

悔しさをバネに、このころからコンピュータに関する本格的な勉強も始めました。目標は「わからないことがない」レベルでした。

というのも当時、**パソコンのことに詳しくて、かつメインフレームもわかる人という**

のは、すごく希少だったためです。IBMにも上層部の一部を除けば、そういう人材はほとんどいませんでした。パソコンができる人はメインフレームが嫌いだし、メインフレームが好きな人はパソコンが嫌いなので、双方に通じる人は少なかったのです。

このため、「英語ができて、メインフレームもパソコンもわかる人間になろう」と心に決め、ひたすら勉強しました。通勤電車の中では、英語のテープを聞きながら英字新聞に目を通し、仕事が終わると飲みにも行かず自宅に直行してコンピュータと英語の勉強に励みました。当時、自宅からはメインフレームにアクセスできなかったので、時間が惜しかった私は「家にメインフレームが欲しい」と思ったぐらいです。

当時のIBMでは、コンピュータのマニュアルの約9割が英語で書かれていたので、最初はそれを理解するだけでも相当な時間がかかりましたが、実戦あるのみだと思ってどんどん仕事を取りに行き、マニュアルを読み、わからないときは詳しい人に遠慮なく聞く――と繰り返していると、高度な仕事を任されたり、みんなからわからないことを尋ねられるようになっていったのです。コンピュータについて4年ぐらいは徹底的に勉強したので、私としてはかなりやり切った気持ちでいました。

その後も米国内のプロジェクトや、海外のパートナーが日本に滞在して進めるプロジェクトなどで、外国の方との交流はずっとありました。すごく充実していた時期です。とはいえ、27歳でしたから、IBMにおける役職は平社員のままでした。

大量の辞書を持ち歩いていたIBM勤務時代

プロジェクトのリーダーなどを任せてもらえるようにはなりましたが、ご存じのように大企業というのは、いくら活躍したからといっても、すぐ主任やマネージャーになれるものでもありません。

だからといって、具体的に辞める気があったわけでもありません。そんな私の運命を再び動かしたのは、先輩にかかってきたヘッドハンティングの電話を代わりに取ったことでした。おそらく英語を話せて、システムがわかる人間ならよかったのでしょう。「話を聞きにこない？」と言われて、会って詳しい話を聞いてみると、有名な外資系投資銀行のシステム部門のマネージャーにならないか、という誘いでした。

提示された年収は、1000万円。当時私は28歳で、年収は600万円強。その頃まで年収に興味はなかったのですが、**年収が高くなれば、それだけ社会貢献にお金を使えるようになる**、と考えるようになった頃でした。

これで踏ん切りがつき、IBMには申し訳ないと思いつつも、辞意を伝えました。するとと上司が「明日なきソフトウェア業界」という特集をまとめた雑誌『日経コンピュータ』を私に見せ「こんな時代なんだぞ」と心配して慰留してくれました。それでも私の退職の意志が固いことを知り、新たに設立する日本法人のゼネラルマネジャー（GM）を探しているというパートナー企業を薦めてくれました。

そこは比較的大きなスタートアップで、報酬は年俸15万ドルに加えて、成果給として売上の10%をのせると提示されました。当時で約1800万円と、28歳には破格の条件です。結局、そちらに決めてサインし、部下になってくれそうな友人に電話をかけて誘ってみました。

ところが、まだ日本にオフィスもない中、上層部から要望された事業計画書を提出すると、本社との電話会議で「人件費が高すぎる」と早速注文をつけられました。1993年当時は円高で、給与水準はアメリカのほうが安かった時代ですから「5万ドルも払うのか？」などと言われたのです。

このとき、GMといっても自分の部下の給料を決める権限すらないなら、部下に責任がとれないと思いました。そして同時に頭に浮かんだのが、**何事も自分で決めるには社長になるしかない**んじゃないか、ということです。そうか、自分で会社を作ったら、誰を採用し、給料をいくら払うかも自分で決められ、部下に責任がとれるんだ、と。これまた直感的に自分なりの答えが降りてきた瞬間でした。

こうなると、また居ても立ってもいられません。「有限会社の作り方」の本を買い、資本金300万円で会社を作りました。

大きな会社を辞めて独立するというのも、当時は珍しいことでした。ただ、冷静に考えたらなんとかなるのではないか、と算段がついていました。当時の年収は600万円ほど。そのぐらいは、**仮に起業して失敗したとしても、自分で稼げるんじゃないか**、と思っていたのです。

辞めることを想定していたわけではありませんが、IBMのバッジで商売するのではなく、「松田に頼みたい」と名前で依頼されるようになることを目指して、頑張ってきました。IBMだから仕事をもらえるのか、松田だから任せてもらえるのか。

私はずっと後者になりたいと思って研鑽を積んできたし、その自信もある程度はありました。自分が関わるシステムについては、メインフレームやパソコンを含めたシステム構築からアプリケーションのプログラムまで、すべて理解していました。だから、そのとき持っていた技術で、お客さまから発注してもらえる自信もあったのです。実際、IBMを辞めたとお客さまに話すと、「だったら、松田さんに直接発注するよ」と言ってもらえました。

結果、独立してすぐにシステムコンサルタントとしての忙しい日々が始まりました。ただ、ここでふとあることに気づくのです。コンサルティングというのは、「自分が働いている時間しか稼げない」し、だからこそ、スケール（成長）するのが非常に難しいのだ、と。

たとえば、今なら私が飛行機で移動している間も、店頭やインターネットで「ポケトーク」やソフトウェアが売れて売上が立っています。しかし、コンサルティングのように人が提供するサービスではそういうわけにいきません。つまり、**製品がないとスケールさせるのが難しい**のだ、という課題に直面したのでした。

では、何の製品を作るか。当時のコンピュータソフトはアメリカ発の英語の製品ばかりでした。日本で使うときは、それをローカライズをする必要があります。英語のソフトを日本語に変換して表示するのも、当時は容易ではありませんでしたが、私はIBM在籍時にその技術を培っていました。

このローカライズの技術を使えば、世界中のあらゆる英語ソフトを日本で売ることができる。自分でゼロからソフトを作らなくても、世界、とりわけアメリカで流行っている製品をローカライズして日本で販売すればいいじゃないか、と気づきました。

私は、良いソフトを求めて、まずはシアトルに飛びました。ここで出会ったのが、先ほど述べた算数学習ソフトでした。

収入が多いほうが社会に貢献できる

金儲けに抵抗があると商売はうまくいかない

創業当初に請け負っていた仕事は、ほとんどがコンサルティングでした。そのまま続けていても、十分に食べていけたのかもしれません。それでもなぜ、ビジネスを大きくスケールすることを目指したのか。

私にはそもそも**お金をたくさんもらうことがすごいことだとか、嬉しいことだ、という感覚がまったくありません**でした。

しかし、会社をスタートさせた頃に、自分の中で一つ、大きな気づきがありました。たとえば、世の中の役に立てるために年収の1割を寄付すると決めます。すると、年収

600万円よりも2000万円のほうが、年収が1400万円多いので、140万円も寄付する金額が増やせることになります。収入が多いほうが、社会に貢献できる、ということです。

となれば、**社会貢献を最大化するには、自分の稼ぎを最大化すればいい**ことになります。これで、自分のミッションが明確になったのでした。

今はソースネクストの時価総額が600億円以上になり、特にシリコンバレーでは周囲からよくこう言われます。

「もう辞めてもいいいんじゃないの」

しかし、私はそう思いません。なぜかといえば、**会社をもっと大きくすることが、社会貢献にもっとつながる**と思っているからです。100億円より1000億円あったほうが社会貢献できるし、1兆円ならさらに社会貢献できるし、10兆円ならもっと、もっとできる。こんなふうに、私の中でミッションが数字で明確化されました。

やるのであれば、**世界有数の貢献できる会社になりたいし、世界有数の貢献できる人になりたい**と考えたのでした。

どうしてこんなことが思い浮かんだのか。

これも先に書いた、直感的に自分で正しいと思えることだったのだと思います。お金を稼ぐことを否定する人はいますが、社会に貢献することを否定する人はいない。それは「善」だと思うのです。「社会に貢献する＝悪」などと言う人は、まずいません。社会に貢献する＝善。ゆえに社会貢献を大きくすることはいいこと。数学が好きなので証明問題みたいですが、要するに「より稼いで、より社会に貢献することはとてもいいことだ」と腹に落ちたのです。

実際、稼いだものは、最終的にすべて社会貢献に使うつもりです。**社会に１００％還元して人生を終わろう**と考えています。

「正しい・喜ばれる・面白い」エキサイティングを追求

実はこの「たくさん稼ぐ」のをよしとする考え方は、経営には極めて大事なことだと思っています。なぜなら、お金を稼ぐことに抵抗があると、経営はうまくいかないからです。**稼ぐことはいいことだ、と思えるからこそ、本気で経営にぶつかっていける**。

お金持ちになりたいと本心から思っている人は、多くない。かくいう私もそうでした。「稼ぐことはいいこと」という経営の原点を見つけられなかったら、私は会社を作ったとしても大きくしようと思わなかったでしょう。上場する気も起きなかったと思います。

それこそ、社員10人くらいで経営しているほうが楽しいかもしれません。そこそこ満たされる稼ぎを得たら、十分かもしれない。

むしろ日本では、お金持ちをあまりいいふうに思っていない人も多い。でも、それはやっぱり違う、と28歳のときに確信したのです。

そのためにも、ソースネクストが目指すべきことがあります。仕事は面白くないといけない、ということです。**売上や利益が世界一大きい会社になっても、面白くなければ意味がない**。

ここから、**「世界一エキサイティングな企業になる」というビジョン**が生まれました。ただ、エキサイティングという言葉だけでは危険が伴うことにも、次第に気づいていきました。そこで、のちに「エキサイティング」とは何かを示す3条件を付記しました。それが「正しい・喜ばれる・面白い」です。社会的に正しいことをしないとエキサイティングではない、ということです。

たとえば社員が、「これなら売れますよ」とパチスロ（パチンコ型スロットマシン）攻略ソフトの企画を持ってきたとしましょう。売れて儲かるかもしれません。しかし、利用者がパチスロで借金をして家族が崩壊し、社会を不幸に陥れてしまう恐れがある。こういう類の製品は、ソースネクストでは扱いません。

暴力シーンが多いもの、子どもを騙すようなもの、一度登録するとキャンセルがしにくいようなもの……。こういう「正しくない」と感じる製品には手を出しません。あくまで、**正しいことをやってお金を稼ぐことが重要**なのです。

提供する製品やサービスに限りません。一つが女性の登用です。日本では女性管理職の比率は年々増えていますが、それでもまだ約8％しかありません。ソースネクストでは女性の管理職比率が36％、執行役員比率が43％にも上っています。これも、やっぱり正しいことだと思うのです。

そして、ソースネクストには、**「製品を通じて、喜びと感動を、世界中の人々に広げる」というミッション**があります。「製品」にこだわっているのは、大きくスケールできるからですが、その中でも特にコンシューマー用の製品にこだわっているのは、私自身の会社員時代の経験も関係しています。

起業前に法人向けビジネスに従事していたときは、正直いって、社会に直接貢献しているという実感がほとんど持てませんでした。だからソースネクストを作ったとき、個人向けである「BtoC」のビジネスをやりたいと思いました。

もとより、法人のITビジネスはスケールさせるのが難しいです。大きな会社と取引をすると「では、当社向けにこう作ってください」とカスタマイズを求められます。カスタマイズには多くの技術者が必要になります。少人数で多くの売上・利益を出す仕組みを作ろうとすると、BtoCのビジネスのほうが断然いいと考えました。

これら**ミッションとビジョンを二つ合わせて、ソースネクストでは「最高戦略」**と呼んでいます。一般的に、「戦略」を実行するための手段や計画を「戦術」といいますが、より長期的かつ大規模な戦略を立てると、もとの戦略は戦術になります。私たちの「最高戦略」とは決して戦術になり得ない、普遍的な戦略を指します。これだけは絶対に変えない、という意志を示した言葉です。

パッケージと価格にトコトンこだわる

第3章

店頭に並べてもらってナンボのもの

100%返品自由にした理由

店頭にみずから立って接客していた私は、前述のとおり、売ることがいかに大変か、痛感していました。だから、売り場でいい場所に展開してもらわないといけないし、たくさん製品を置いてもらわないといけない。そうでなければ、お客さまに手に取ってもらうことはできないのです。手に取っていただけなければ、買ってもらうことはできません。つまり、売上は立たないのです。

「売上を立てる」ことの本当の意味を理解していないメーカーが多かったかもしれません。量販店に出荷したら終わり。量販店に入れたからきっと売れるだろう、というくらいの感覚のメーカーも多かった印象です。

では、どうすれば売上を積み上げられるのか。まず、いかにたくさん置いてもらえるか、と考えたとき、創業当初はブランド力がなかったので思い切ったことをやるしかないと思いました。ソースネクストは創業間もない頃、100%返品を自由にしたのです。

返品は、メーカーにとってはもちろんリスクになります。しかし、その条件をのんでも、売り場に並べてもらえず、お客さまの目に触れないことのほうが、よほど大きなリスクだと私は思ったのです。

そもそもソフトは高い粗利率をベースに、価格が設定されています。それを考えれば、**返品ができるならたくさん注文しよう、と量販店サイドに思っていただき、店頭にたくさん並べてもらえることのほうが重要**だと思いました。

加えて、良い製品を持っていたので、売れる自信もありました。だから、余って大量返品されるようなことはないだろう、とも踏んでいました。

私は当初から、**売れない理由は流通業者や量販店にあるのではない**、と言い続けていました。特に、**良い場所をもらって売れなかったら、これはもう100%メーカーの責任**です。流通や量販店には責任はない。だからこそ、店頭の良い場所にたくさん並べてもらうことが、メーカーにとっては極めて重要です。

そういう当たり前の感覚が、当時のソフトウェアの業界では奇異にとらえられがちでした。そのことが、100%返品OKを実行してから、はっきりわかりました。そして、ソースネクストの製品が、店頭にたくさん並び始めたのです。

100%返品自由にするからこそ、いっそう消費者を見て売れる製品を提供する必要があります。返品自由でないから、量販店に納品すれば終わり、では、量販店に製品を押し込むようなことになりかねません。今はブランド力もついて、データを基にお店ごとに売れる最適な本数を提案できるようになったことから、返品自由ではありませんが、昔は１００％返品自由がソースネクストのスタイルでした。

「たくさん売ります」と断言

もともとアメリカ発ソフトを日本向けにローカライズした製品を販売する代理店としてスタートしたソースネクストですが、日本でそれらのソフトがどんどん売れていくと、開発元が「今後は自分たちで直接売ろう」と考えて、私たちを通さなくなるのではないか、という心配が出てきました。

そこで、ローカライズのソフトの販売も続けながら、**自分たちオリジナルのソフトも作っていこう**、と考えて開発したのが、オリジナルソフトである「特打」でした。

ただ、私の場合、売り場に立ってお客さまのリアルを見てきていました。そこでわかったのは、作るプロセスよりも売っていくプロセスのほうが難しく重要だということでした。それなら、私は**売るプロセスに注力し、開発はもっと外部にお願いしたほうがいい**、と思いました。開発を外注していくだけではない。ソフトを持っている会社と組むということです。

そこで、良いソフトを持っているソフト会社、良いものを作ってくれる開発パートナーをひたすら探して、開発者に会いに行くようになりました。ソフト開発者というのは、もともと出不精な人が多いので、なかなか出かけて来てはくれません。オフィスに閉じこもって黙々と仕事をしている人が多く、営業にも行かないし、量販店の売り場に行かない人もいます。

だから、こちらから日本全国はもちろん、インドであろうが、ルーマニアであろうが、どんどん会いに行きました。先方のオフィスに乗り込んでいって、「御社の製品を売らせてください」とお願いしました。

実際、販売を請け負えたのですが、相手が快諾するには理由がありました。それは、「たくさん売ります」と断言し、一定の売上をコミットしていたのです。お客さまのニーズや売り場の状況をわかっていたので、一定以上売れる自信があったからです。

また、**開発費やロイヤリティを前払いする**ことも珍しくなかったので、これには驚かれることも少なくありませんでした。当時の開発会社は、長い開発期間を経て、製品がリリースされた後でお金をもらう、というのが一般的でした。これでは開発コストが先行して、資金繰りが苦しくなります。だからこそ、私たちは最初にお金を払うことにしました。

逆に、この先払いモデルでなければ、開発者も怖くて協力してくれない、と私は思っていました。ところが、一般的には決して当たり前のことではなかったので、「それなら作ります」と快諾してもらえることも少なくありませんでした。

当初は、すでに開発済みで販売中のソフトをソースネクストから販売させてほしい、という依頼が中心でしたが、そのうち先方から「ソースネクストさんが売りたいものを作ります」と言ってもらえるように変わっていきました。なぜなら、そのほうがたくさん売れて、先方の売上も上がるからです。そうやって、自然と良いパートナーになっていきました。

買いたくなる「ウリ」を探す

ネーミングとパッケージで売れる現実

創業時からみずから店頭に立っていて、改めてわかったのは、実は**お客さまはソフトの中身だけで選んでいない**、ということです。それも当たり前のことで、パソコンのソフトウェア製品は、店頭では中身を見ることができないからです。

では、どこで判断して買うのかというと、パッケージを見て買うしかありません。中身を見て買うわけではないのです。

この二十数年間で、ほとんどの日本発のソフトウェア会社が姿を消してしまいました。その中で、ソースネクストが生き残ってこられたのは、この気づきが何より大きかったと思っています。

どの会社も、ソフトの中身を作ることに夢中になっていたのです。当社は逆でした。**中身が良くても、パッケージがダメならダメだ**と思っていました。パッケージを見て手に取り、いかにレジに行ってもらうか。この一連のプロセスがなければ、真の売上は立ちません。

パッケージを見て、「うーん」と少し悩んで元の場所に戻されたら終わりです。手に取ったけれど、レジの近くまで行って引き返したら、やっぱり終わり。だから、レジのできるだけ近くに商品を並べることが大事になる。そこがすべての基本なのです。

お客さまが買ってくれないと意味がない、ということに気づくと、実はパッケージが最重要であることがわかります。私はメーカーの人間ながら、小売店の店頭に立っていたから、このことが骨身に染みてわかりました。ところが、店頭に立って販売したソフト会社の社長は、ほとんどいなかったのではないかと思います。

実際、私は製品が入っている「箱」を最重要視していました。ソフトの**中身より前にパッケージから作った製品もある**くらいです。

そして**箱の表示で大事なのは、言わずもがなですがネーミング**です。ネーミングで、まず何のソフトかがわかるようにする。「驚速」といえば、驚くほど速くなるんだろう、とわかります。もう文字通りです。

しかも、パッケージに漢字を大きく使ったのも、かなり意表を突くデザインでした。「一太郎」が漢字のはしりかもしれませんが、私たちはお客さまが得られる恩恵や便益をそのまま漢字のネーミングにしました。驚くほど速くなる「驚速」、携帯電話が快適になる「携快電話」などもそうです。

「いきなりPDF」も話題になりました。すぐPDFが作れるソフトのネーミングに、そのまま「いきなり」と付けてしまうのは、製品の特徴をズバリ表しつつ、印象に残る強さがありました。

ネーミングを考えているのは、創業期からともに働いてくれている、常務執行役員の森本です。天才クリエイターで、いつも本当に度肝を抜かれます。彼が出してくれる候補から、私は選ぶだけです。

開発者の目線で「ウリ」を作ってはいけない

そして、パッケージ上では、そのソフトの「ウリ」をきっちりうたいます。もちろん機能は大事です。しかし、**ポイントになるのは、数ある機能の中でもウリになる機能が**

どこにあるか、です。

一番もったいないのは、ウリがせっかくあるのに、パッケージにわかりやすく打ち出されていない製品です。逆に、ズレたアピールをしてしまっている製品もある。こうしたズレが生じるのは、**お客さま目線になっていないから**です。お客さまがなぜこの製品を買うのかが、わかっていない。

よく**犯しがちな間違いは、開発者の目線でウリを作ってしまうこと**です。先ほどの例の「このソースコードがすごいぞ」ではありませんが、作り手や売り手がアピールしたいことと、お客さまがウリと感じることは、往々にしてズレます。

逆にいうと、ウリがないと思えるソフトに関しては、「ウリを作ろう」と開発段階でお願いしてきました。「余計な機能はいらないので、ウリになるこの機能だけは妥協せず作り込んでほしい。そうすれば10倍売れます」とお願いするのです。すると、本当に売れました。そして開発者は、どこにフォーカスしていけばいいか、わかるようになっていきました。

作り手と売り手がバラバラだと、こういうことができません。責任がどんどん分散されてしまうばかりです。それこそ私は、もし量販店の**レジ前に平積みにしてもらって売れなければ、パッケージに責任がある**と思っています。つまり、平積みで売れなかったら、すべてパッケージを作った人、ひいてはメーカーの責任だ、と言っています。

今でも戦略製品のパッケージは、すべて最終的に私がチェックしています。ウリが充分打ち出せているか。**判断基準は、シンプルに「これで買いたくなるか」**です。このウリ文句では引きが弱いんじゃないか。「ナンバーワン」と累計販売数ならどちらがいいのかと……。

実際、私が店頭で販売していた頃、たくさん残ってしまった在庫に、ウリを打ち出したシールを1枚貼るだけで、売上が数倍になったこともあります。「Ｗｉｎｄｏｗｓ○○対応」なのか、「○○エンジン搭載」なのか、「○○のおすすめ」なのか、いろいろなウリの作り方があるのです。

お客さまがその製品を買う理由は、その金額以上の価値が手に入る、という直感です。だから、そう感じられるよう、売り文句をちりばめていく必要があります。Ａというメッセージで買う人もいれば、Ｂというメッセージにピンときて買う人もいる。複数の売り込みメッセージに惹かれる人もいる。だから、**売り文句は濃淡をつけつつも、複数あったほうがいい**と思います。

そして、**何が響くのか、手を替え、品を替え、常にさまざまなチャレンジをしていく**べきです。実際、発売以降も、売れ行きをずっと追いかけています。それに応じて、実は「特打」だけでも発売以来40回以上もパッケージを変えました。ウリの打ち出し方もそのたびに変えました。それに応じて、シェアも変動します。「お、このパッケージにしたら2%上がった」なんてことが起こり得るのです。
そのくらい、パッケージというのは奥が深いものです。

開発は外注、パッケージは内製

デザイナーを役員待遇で

ネーミングやパッケージがいかに重要か、店頭に立ってわかっていた私は、創業時にある決断をしました。それは、**クリエイティブ機能を社内で持つ**――つまりネーミングやパッケージデザインを「内製化」することでした。

もともとクリエイティブは、外注していたのです。ところが、デザインには、とてもお金がかかります。パッケージ一つに200万円ほどかかったこともありました。こんなに高いのかと驚くと同時に、数字が好きな私はすぐに計算していました。今後100個は製品を作るはず。そうすると、デザインの料金だけで2億円にのぼります。

これなら、社内でデザイナーを採用したほうがいい、と思い始めた頃に出会ったのが、10歳年上のデザイナー、今の常務執行役員の森本でした。とても優秀で他社のロゴマークも作ったりしていた彼をなんとか口説き、1997年に役員待遇で迎えたのでした。

今もクリエイティブはすべて、彼に見てもらっています。ソースネクストのロゴも彼が作りました。ネーミングに天才的なセンスを発揮しているのも、インパクトあるパッケージをつぎつぎに世に送り出したのも、彼です。

ソフトウェアの会社なのに、デザイナーを役員待遇で迎える――。今でこそデザインの重要性が周知されつつありますが、当時は前例としてあまり聞かれないことでした。しかし、私にしてみたら、「パッケージで製品は売れている」という現実を骨身に染みてわかっている。そこからすべては始まるのです。なのに、そんな大事な部分を外注すべきではありません。

一般のソフト会社は、逆でした。

ソフトウェアを内製する一方、デザインやネーミングや広告はすべて外注してしまいます。ソースネクストは逆に、**クリエイティブを内製にして、ソフトウェア開発を基本的に外注**したのです。これが、他のソフト会社と決定的に違ったところです。

これは正しい選択だった、と確信しています。なぜなら、技術の進化は激しく、開発言語一つとってもどんどん変わっていき、すぐに陳腐化します。なのに、特定の技術に秀でた開発者を内部に抱えてしまうと、次の技術の取り込みが遅れて、開発投資が回収しきれないなど大きなリスクになりかねません。社内にいる技術者を遊ばせないために、

顧客視点ではなく、技術者視点の製品を開発してしまう。

一方で、**デザインは、もっと普遍性がある**ものです。開発言語のようにコロコロ変わるわけではありません。だから、ソースネクストではクリエイティブをこそ内製したのです。

開発者こそ、売れないと悲しい思いをする

ソースネクストは創業期から、つぎつぎにたくさん製品を出せたのですが、これは開発を外注していたからです。私が**最も重視していたのは、販路**でした。きちんと製品が流れて、お客さまに届くことが大切だからです。

製品は、ソースネクストが手がけたものであれば、開発を自社で賄おうが、外注しようが、お客さまには関係がありません。**誰が作っているか、ではなく、きちんとお客さまに届いて、お客さまに喜んでもらえるか、ということこそ重要**だと思います。

ソフト会社の中には、「自分たちで作っている」ことを誇りにする会社もありました。しかし、それはお客さまにとって、大事なことでしょうか。他社が作ったソフトでも、お客さまに喜んでもらえる製品を届けることが重要なはずです。

そして、アライアンスを通して**常に最先端技術に触れていたからこそ、自社開発の力**

もつけることができました。会社が大きくなり、上場を目指す頃、ディストリビューター機能から自社で開発する戦略に軸足を移しました。

創業当初は自社で開発できるほど余裕がなかったという事情もあります。一つだけの製品のために、北海道から沖縄まで営業を配置するなんてことは不可能です。だから、ある程度、製品の数は多くないといけない。では、製品の数を多くしようと思ったらどうするか。自社開発だけでは難しく、外部の開発者に協力してもらうしかありません。

経営的には、多くの製品をラインナップとして揃えることと同時に、少しでも単価を下げることのほうが、自社で開発することより重要でした。そうでないと競争力は高まりません。

世界中に開発者はごまんといます。彼らは、必ずしも良い条件で仕事をしているとは限りません。何より私が強く感じていたのは、手がけた製品が売れずに、忸怩《じくじ》たる思いを抱えた開発者が多くいたことです。私も開発者だったので、**エンジニアにとって製品が売れないことがいかに辛いか**、よくわかっていました。

私がよく使うたとえ話なのですが、1日かけて一生懸命に作った料理を、まったく食べてもらえなかったとしたらどうでしょうか。ソフトの開発だと、1年以上もかけて作るのです。それが売れないのは、本当に悲しい。しかも、製品自体が悪い製品でなかったら、なおさらです。

ある大手企業の翻訳ソフトを売らせていただいたときに、そうした自分のエンジニアとしての感覚が間違っていないと確信しました。そのソフトはそれまでまったく売れておらず、翻訳ジャンルで最下位の売上でした。先方のオフィスを訪問すると、案の定、技術者はクサっています。私がまず取り組んだのは、ネーミングとパッケージと価格を変えることでした。すると、みるみる売れて、同ジャンルで1位になり、技術者たちも生き生きしていきました。もう20年近い提携になりますが、今もバージョンを上げながら販売させていただいています。

ソースネクストから価格を下げる提案をする場合、開発元から反発の声を受けることもあります。自分たちのソフトをこんな安い値段で売るなんて、と。しかし、開発者は本音ではそうは思っていないはずです。**売れるもの、より多くの人に使ってもらえるものを作りたい**からです。たとえばグーグルは、無料で提供していても世界中の多くの人々が利用してくれるから、あんなにすごい開発者がたくさん集まるのだ、と私は思います。

値段は徹底してお客さま目線で

ソフト価格を相場の5分の1、1980円に統一

会社を作って7年目。2003年は、ソースネクストにとって大きな転機となりました。まさにソフト業界の掟破りを、思い切って断行した年です。パソコン誌では、**「ソースネクストの乱」**と呼ばれました。

何かというと、すべてのパソコンソフトを1980円均一にする、思い切った戦略に出たのです。

当時のパソコンソフトは、高いものは5万円くらいから、安いものでも3000円はしました。それを1980円均一で売り始めたわけですから、業界が騒然となったのはいうまでもありません。

もちろん、非難囂々でした。「とんでもないことをする!」と、とりわけ業界内から叱られました。「(電車の)ホームでは端に立たないよう気をつけろ」と脅されたこともあります。

私たちが1980円均一に踏み切った狙いは、いくつかありました。とりわけ、もっ

1980円均一で書店やコンビニにもソフトが並んだ

従来の家電量販店（右）だけでなく、
書店（上）やコンビニ（左下）にも展開

と多くの人に、パソコンソフトというものを使ってもらいたかった。そのために、**量販店以外の場所でも売りたかった**のです。

販路が家電量販店だけでは、顧客層の広がりに限界があります。パソコンがどんどん広まっていっても、高齢者や女性、中高校生など、家電量販店まで頻繁に出向かない層も、まだ多くいらっしゃいました。もっと家電量販店以外の場所でもパソコンソフトを売れる場を広げたい、と考えました。

それでも、「いくらなんでも、そこまで急に下げなくても」という声は社内でも上がりました。2980円ではダメなのか……。それでも私は1980円にこだわりました。

一つは、**本の値段を参考にした**のです。本の場合、専門書でない限り1980円以上の値付けはなかなかありません。書店に並べてもらうには、この額が上限だと考えたのです。また、書店に置いてもらうには万引きのリスクも考える必要がありました。高額になると、万引きリスクが高まるため、書店には置いてはもらえません。

もちろん事前にテストもしました。主力製品ではない「特単」という、「特打」の要領で英単語を学ぶというソフトを、試しに1980円で売り出してみたのです。すると驚くべきことに、なんと10倍も多く売れたのです。これには大きな手応えを得ました。

当時のソフトウェアの価格は、平均すると1本1万円ほどだったと思います。これを5分の1に下げるわけですが、それでも10倍の本数が売れたら売上は2倍になります。

実際、のちに「特打」はじめ、10倍以上売れた製品もつぎつぎに出ました。

ほかにも、アドビで買えば3万5000円はしたPDF作成ソフトと同ジャンルで、ソースネクストは「いきなりPDF」という製品を1980円で売りました。これがまた、とんでもなく売れました。

それまでは多くの企業内で、「PDFを作りたければ、あいつに頼め」と、特定の人しかPDFの作成ソフトを持っていない状況だったのではないかと思います。何しろソフトが3万5000円もしたわけですから。ところが1980円なら、みんなのパソコンに入れよう、という話になってもおかしくありません。実際、オフィス全社員分に「いきなりPDF」を買った、という話もよく聞きました。

開発費から売価を決める合理性はない

価格を1980円にしたとき、周囲から飛んできたのは、「ソースネクストはかけている開発費が安いから、そんなことができるんだろう」という声でした。自分たちは多くの開発費を投資したのだから、売価を高く設定せざるを得ないんだ、と。

しかし、私はこう考えました。当時、流行っていた映画「タイタニック」は制作費が240億円かかったからといって、大人の映画館入場料が通常の1800円でなく5万円です、という話にはならないはずだ、と。

ところが、「たくさん開発費をかけたから、回収するために価格を上げよう」というのが、当時のソフトウェア業界では当たり前だったのです。

当時、映画の料金はすべて１８００円。制作費がいくらかかろうが、１８００円です。CDも同じです。シングルCDは１０００円。アルバムは２８００円。どんなに制作費がかかった映画や音楽でも、売価が５万円ということにはならない。

実際、そう説明をすると、納得していただけるようになりました。要するに、**数が多く売れて総額で儲かればいいはず**です。たくさん売れるものを作ればいい。それこそ5分の１に安くして10倍売れたら、これまで以上に儲かるわけです。

量販店側も最初は同じ反応でした。１９８０円均一にしたら利幅が薄くて儲からない、という声が聞こえてきました。ところが、とんでもない本数が売れるようになったのです。桁が違いました。それで、この１９８０円が定番化していったのです。

お客さまがたくさん買ってくださるようになったことで、私たちもいいコンテンツをどんどん仕入れられるようになっていきました。サン・マイクロシステムズ（当時）と提携してＯｆｆｉｃｅ互換ソフト「スタースイート（原作名スターオフィス）」を１９８０

円で売ったり、ＩＢＭと提携して「ロータス１・２・３」を１９８０円で売ったりもできました。

１９８０円にすれば、絶対にもっとたくさんのお客さまが買ってくださる。私はそんな仮説を立てていたのですが、それが現実になりました。このとき初めて、**ソースネクストのソフトの販売本数が、マイクロソフトを抜いて日本でトップ**になったのです。

マイクロソフトより、販売本数が多い会社が出た。しかも、それが日本から――というのは、エポックメイキングな出来事だったと思います。そして、この年から７年間、私たちはずっと国内のパソコンソフト販売本数１位でした。

加えて、開発を手がけた会社からも喜ばれました。１本当たりのロイヤリティはたしかに少なくなりました。しかし、**１万円のものが１０００個売れるより、１９８０円のものが１万個売れるほうが、はるかに実入りは大きい**わけです。これもまた計算すれば、わかることです。

結果的に、１９８０円のソフトは年間５００万本くらい売れるようになりました。１９８０円で５００万本ですから、約１００億円。値下げ効果はとても大きかったことになります。そして、書店やコンビニで売れるようパッケージを小さくしたり、１００種類のタイトルを集めたり、とさまざまなイノベーションが起きました。

この戦略は、ソースネクストにとって、いわゆる**「王手飛車取り」（将棋で最も重要な**

駒である王将と次に重要な飛車の両取りを仕掛ける攻め手）になったと思っています。「王手」とはお客さま。「飛車」は競合他社。競合他社を戦慄させ、お客さまに強いインパクトを与えて喜んでもらうことのできた取り組みでした。

「できること」ではなく「やるべきこと」をやる

一気に100タイトル、1980円均一！

価格を一気に1980円に下げたとき、より多くのお客さまにソフトウェアを買ってもらい、より多くのチャネルで販売してもらううえで、もう一つ大事になることがある、と私は思っていました。それは、「ラインナップを豊富にすること」です。コンテンツの数というのは、新しいラインナップを作るときに極めて重要です。

そこで目標に据えたのが、**一気に100タイトルを揃える**ことでした。社内で「100タイトルプロジェクト」を作り、「1980円で100タイトル出します」と発表もしました。1980円という価格も衝撃を持って受け止められましたが、100タイトルという数字も、大いにインパクトがあったと思います。

しかも、競合対策でも大きな意味がありました。1980円という価格にはかろうじて追随できても、そうそう100タイトルを同時に揃えることはできないはずです。ただしソースネクストにとっても、そう簡単なことではありませんでした。それまでにたくさんソフトを出していたとはいえ、さすがに100タイトルはすぐに揃えられません。社内ですら、本当にできるのかという懐疑的な声が上がりました。ここから、いかにコンテンツを集めるか、奔走することになります。

まず取り組んだのは、日本でソフトウェアを販売している会社のリストを入手し、500社以上に片っ端から連絡を入れることでした。「御社のソフトを1980円で売らせてもらえませんか」と電話をかけまくりました。

こんなローラー作戦に出た会社は、まずなかったでしょう。中には、会っていただけない会社もありました。電話でお叱りを受けたこともありました。

一方で、アポイントをもらえた会社も多くありました。低価格に抵抗がある会社には、どうしてこの価格にしたのか、しっかりと説明しました。当時としては衝撃の価格でしたが、実はすでにパソコンには無料でソフトがバンドルされる時代になっていたのです。**「1980円」は、最終消費者にとって買いやすく、かつビジネスとしてもギリギリ下げられる最低限の価格**だと私は感じていました。この点について、理解してもらえた会社も多かったのです。こうして、とにかく仕入れを増やし、海外のソフトメーカーにもどんどん当たっていきました。

ラインナップがだんだんと出揃い始めたあるとき、私がヨドバシカメラの店頭に立って販売していると、あるお客さまにこんなふうに叱られたのです。

「いくら1980円でも、欲しいソフトが全然ないよ」

今でもはっきりと覚えています。私はヨドバシカメラの法被を着て売り場に立っていました。「では、何があればいいですか」と単刀直入に尋ねてみると、即答されました。

「ゲームだよ、ゲーム」

なるほど！と思いました。

ゲームという発想は、このときまで私の頭になかったのです。そこで真っ先に浮かんだのが、大ヒットした「信長の野望」でした。すぐに販売元のコーエーさん（当時）に連絡し、トップにアポイントを取りました。

最初にお会いしたその場で決まり、トップの頭のキレ味と決断力の速さに舌を巻きました。そして、常識破りの1980円という価格で発売された「信長の野望」は、大きな話題になりました。以来、今もお付き合いが続いています。そして、ゲームのラインナップも年々拡充させていきました。

サン創業者にセミナーで突撃営業

ゲームソフトを1980円シリーズに組み込むアイデアをもらえたとき、改めて店頭に立つことの大切さを実感しました。

社長がみずからが店頭でデモンストレーションをするイベントは、さまざまな業界でよく耳にします。ただ、当時も今もそうですが、パフォーマンスとして実施する人がほとんどです。

しかし、私はそういうパフォーマンス狙いで店に立ったことは一度もありません。社長みずからデモをすることで話題になり、お客さまが一目見ようと来てくださっても、それによってソフトが売れる量は非常に限定的です。

それよりも、私は**店頭でお客さまの真の声が聞きたい**のです。だから、店頭に立っているときは、「社長」であることは隠しています。しかも、なるべくお店の法被を借りて着るようにしています。そうすると、お客さまからは、まさかメーカーの社長とは思われません。だから、本音で話してもらえます。

このときも、もし社長がみずから対応しているとわかったら、「買うものがないよ」と率直に言ってもらえたかどうか。それこそ、真の声は聞けなかったと思います。**売り場に行くのであれば、やはり公のイベントにしたら意味がない**のです。

100タイトルのプロジェクトでは、いろんな出来事がありました。海外で覚えているのは、サン・マイクロシステムズとの「スタースイート」の交渉です。マイクロソフトの「オフィス」に対抗するソフトを、米サンが当時、作っていました。

実はこの交渉、サンに連絡を入れるという正攻法でなく、ちょっとした奇策をとりました。創業者のスコット・マクネリさんが来日するという話を聞きつけて、イベントに参加したのです。このとき同行していたのが、まだ新卒入社2年目だった小嶋（現専務）です。

イベントのセミナーが終わると、私たち2人は真っ先に壇上に向かいました。**何かインパクトのある言葉で相手の心をつかまなければ、と思って思わず出た**のが、次の言葉です。

「I know how to beat Microsoft Office!（マイクロソフト・オフィスを打ち負かす方策があります！）」

すると狙い通り、彼は興味深げに話を聞いてくれました。その場でソースネクストの説明や1980円シリーズの話をしていたら、後ろには、名刺交換を待つ100人くらいの行列が。そして、マクネリさんはこう言ったのです。

「とにかくシリコンバレーに来い」

後日、私たちはアメリカに渡ってサンの本社オフィスを訪れました。彼の部下に当たる次期ＣＥＯに会い、１００タイトルのラインナップに加えさせてもらうことが決まったのでした。ちなみに、このサンの本社オフィスがあった場所が、今ではフェイスブックの本社になっているのは有名な話です。

１００タイトルはパッケージも小さくしましたが、書店の店頭にもドーンと並べてもらおうと、ソフト専用の陳列棚を、ソースネクストで作って用意しました。万台単位の発注をしたのを覚えていますが、こんなことをするソフトウェア会社というのもほかになかったようです。

そしてインパクトを高めるために、人気絶頂だった藤原紀香さんをイメージキャラクターに起用し、等身大ポスターを作って大きな店頭キャンペーンを展開しました。これがまた大好評で、ソフトは飛ぶように売れていきました。キャラクターになっていただくタレント選定の重要性はこのときの経験で実感し、のちのＡＩ通訳機「ポケトーク」の明石家さんまさん選定に活きていくのです。

業界慣習は疑ってかかる

セキュリティソフトは更新料ゼロにできる

ソースネクストといえば、若い人でも「ウイルスセキュリティZERO」を覚えてくれている人は多いようです。

それまでセキュリティソフトは、業界慣習として年間更新料が必要でした。しかし、これを0円にして買い切りモデルにしてしまったのが、このソフトです。

これは革新的だと高い評価を頂いて、1000万本を超える想像以上の大ヒットになりました。発売年には、「日経トレンディ」の「2006年ヒット商品ベスト30」や、SMBCコンサルティングの「2006年ヒット商品番付」で前頭6枚目に選出されています。

実はこの大ヒット製品のヒントも、身近な声にありました。私自身の両親が、毎年のように電話してきていたのです。

「ウイルスの対策ソフトの期限が切れると出ているけど、どうしたらいい――?」

聞いてみると、他の社員も親から同様の相談を受けていました。

更新料ゼロがウケた「ZERO」シリーズ

セキュリティソフトが当たり前に取っていた年間更新料は、とりわけ年配の世代の人たちに、評判が悪かったようでした。

困っている人がたくさんいるわけですから、なんとかしたい。こういうとき、私は**数字が好きなので、まずは計算**してみました。

どうして更新料が必要なのか。

私は直感的に、1980円の倍の値段にしたら、更新料を取らなくても売り切りでビジネスが成り立つのではないか、という仮説を立てました。そして計算をしてみると、これでいけそうな見込みが立ったのです。

そもそもメーカーの理屈でいくと、更

図3-1　セキュリティソフト更新料ゼロの理屈

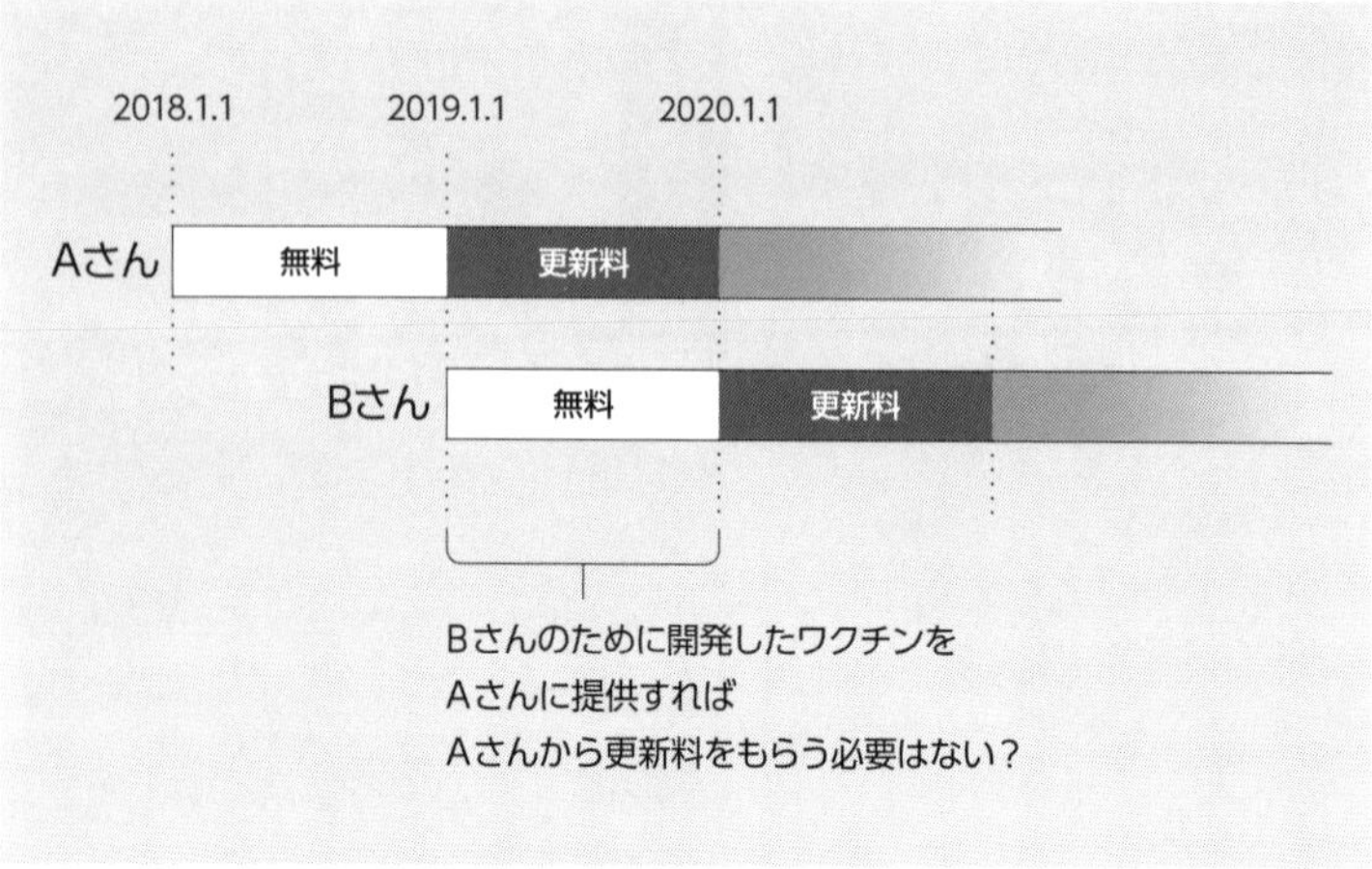

新料を取る理由を次のように説明するはずです。

「我々は日々さまざまな情報収集、研究開発をしてウイルス対策のワクチンを作っていて、その開発には多額の費用が必要なんです。ユーザーの方にご負担いただかないと困ります」

しかし私は、これにはカラクリがある、と気づきました。業界慣習も疑ってかかったのです。

上図にまとめたとおり、たとえばAさんという人が、２０１８年１月１日にセキュリティソフトを買ったとします。そうすると、１年分は更新料なしで使えます。つまり、２０１８年12月31日までは１年間無料で使える。２０１９年１月１日以降は、１年ごとにお金を別途徴収するシステムが業界慣習でした。

また、もう一人のBさんは２０１９年の1月1日に買った。そうすると、ここから1年間、つまり２０１９年12月31日まではBさんに無料で提供しなければいけないという理屈になります。

Aさんに対しては、2年目以降、新しく開発した部分の費用を負担してほしい、といっているわけですが、Bさんのために開発したワクチンをAさんにも提供すれば、Aさんから更新料を徴収しなくても済む話です。

これがもし料理だったら2人分の材料費がかかりますが、デジタルダウンロードですから、材料代はかかりません。メーカーのいう更新料の必要性というのは、まやかしだと気づいたのです。

大手と同じことをしていたら勝てない

よし、だったら更新料を取らないモデルを作ろう！と考えました。

ところが上場を目指す当社にとって、永遠に更新料無料というわけにはいきませんでした。

このときヒントになったのが、当時のＷｉｎｄｏｗｓのＯＳの売り方でした。Ｗｉｎｄｏｗｓ95は、Ｗｉｎｄｏｗｓ98になるまで、お金を取りません。これだ、と思いました。OSのバージョンが変わるごとに、費用をもらったらいいのではないか、と。
WindowsXPが出たら、OSにXPを使っている間は無料。XPは有効期間が約10年ですが、Windows7が出てきて乗り換えたら、そのときはアップグレード料金をもらう。そういうモデルを考えました。

ただ通常、OSはそこまで頻繁にアップグレードする必要がないので、基本的に10年は使えます。10年使い放題で、3970円。一般的なセキュリティソフトは年間5000円以上はしましたから、**10分の1以下という衝撃的な価格設定に多くのお客さまがガーン！ときたわけ**です。びっくりするくらいの反響がありました。

セキュリティの常識を変えた「ウイルスセキュリティZERO」は、当時のトップシェアを争っていたシマンテックとトレンドマイクロを抜いて一気に1位となり、2007、2008年と年間ランキングでも2年連続で1位になりました。お客さまは、とにかく更新料がイヤだったのだと、改めて感じました。

そして、**3970円の価格設定が数学的にも正しかったことを、私は実際に証明**しています。

意外に思われるかもしれませんが、セキュリティソフトは意外と乗り換えも多く、更新率は実は高くありません。「乗り換えすれば90日間無料」などのキャンペーンもあったりして、実質の更新率は高い企業でも60〜70％くらい、実体は50％くらいだと思います。

50％だとすると、毎年1980円を頂いても、次の年の期待値は990円になるわけです。次は495円、その次は247・5円……これを合算すると、実は3960円になります。

だったら、最初から3970円を頂いたほうがいい。お客さまにとっても、一括払いで面倒がありません。売る側も、値引きせずにキャッシュが一度に入ります。当時、ソースネクストのセキュリティソフトのシェアは13％程度でしたが、「ウイルスセキュリティZERO」で一気にシェアが36％まで跳ね上がりました。

つまり、売上はこの瞬間に約6倍になっているのです。2倍の単価で販売量が3倍に増えたためです。それまでのウイルス対策ソフトで、1年目は無料、2年目からお金を頂く形はありました。数学的にいえば、1年目のxにはゼロを代入することになります。しかし、2年目以降にゼロを代入した会社はありませんでした。最初はゼロを代入せず、あとは全部ゼロを代入すればいい、と考えたわけです。

ところが、世界的にもこんな売り切り型で提供した会社は1社もありませんでした。今でも、1年目は無料にして、2年目からお金を頂こうとする会社は多い。それが世界的な慣習だ、という考え方なのでしょう。

ただ、**私たちは世界に出たら弱者**です。だから、**大手と同じ戦略をとっても勝てるはずがありません**。1980円のセキュリティソフトを出しても、シェアは13％しか取れないわけです。だったら、こういう奇策をとるしかない。

奇策で、これもまさに王手飛車取りでした。お客さまには喜ばれ、競合他社は驚いて、すぐにはついてこられず、2年間は競合が負け続けました。でも、彼らも当然、新しい手を繰り出してきました。3年版というパッケージで、3年間は更新の手間がないというのがウリです。

それは、ソースネクストへの対抗策だったろうと思います。それ以来、3年版というパッケージが日本から始まり、世界中で展開されるようになりました。結果として、世界の人々に更新料支払いの手間を省くきっかけを作れたと思っています。そしてこのときの「更新が面倒」「手間がかかるのはごめんだ」といった、お客さまの極めてまっとうな感覚に寄り添う姿勢は、実はのちに発売するＡＩ通訳機「ポケトーク」にも大いに活かされていくことになるのです。

良い製品も、知ってもらわないと意味がない

社員30人の会社が全国CMを大展開

ソースネクストといえば、「驚速」「特打」を覚えている、という方も多いと思います

インパクトの大きかった「特打」のテレビCM

が、その理由はやはりテレビCMでしょう。先にも書きましたが、特に「特打」は、当時のTBSテレビの看板番組の一つだった「筑紫哲也NEWS23」のスポンサーになったことで、大きな反響を得ました。

タイの若いボクサーが、「トクウチ、トクウチ」と言いながら、コーチ役のミットを目がけて何度もキックする。シンプルですが、ものすごくインパクトのある広告でした。タイピングソフトのCMだとすぐにはわからないのですが、製品名を連呼しているので、とてもよく覚えてもらえたようです。

あのCMを作ったのは、当時、電通からスピンアウトしたばかりの制作会社、タグボートさんでした。有名なクリエイティブ・ディレクターだった岡康道さんが、独立して作られた会社です。電通時代にお会いしていたのですが、独立されたと聞き、お願いすることにしました。

彼らにとっても記念すべき最初の仕事になったということで、タグボートの社史で最初に「特打」の広告が出てきます。このCM「ムエタイ編」は、2000年にACC（全日本シーエム放送連盟、現一般社団法人ACC）で銀賞を獲得しました。

振り返ってみれば、まだ社員30名に満たない会社が、民放の看板番組のスポンサーになってCMを打つなんて、常軌を逸していたかもしれません。

ただ、先にも書いたように「特打」のターゲットは、30〜40代の男性ビジネスパーソンでした。このニュース番組のスポンサーになったことは、ターゲットにぴったり合っていて、大きな意味があったと思っています。

もちろんそれなりの費用はかかりましたが、その分しっかり売れました。CMを放映した1999年は42億円以上の売上になり、あれだけのCM展開をしても経常利益は6億円以上になりました。

そして、何よりびっくりしたのは、**CMによって大変な数の競合商品が出てきた**ことです。タイピングソフトだけで50種類以上にのぼりました。そのくらいテレビCMというのは、インパクトがあったのでしょう。
「驚速」もCMを展開していました。今はスマホアプリに「驚速」がありますが、同じようなソフトがたくさん出ている中で、当時を知っている方々が支持してくださっているのか、ダウンロード数は数十倍違います。ほぼ同じ機能なのに、稼ぎは数十倍の差がついているのです。CMが、いまだに効果を生んでいるということです。

当時は弊社にブランド力がありませんでしたから、テレビCMを打つくらいでないといけない、という思いが私の中にありました。ブランドを広め、製品を知ってもらうことで、お客さまにその製品を手に取ってレジに持って行っていただくことに、一歩近づけます。

良い製品があるということは大原則ですが、良い製品があってもそれを広めないと、存在を認知してもらえません。ソフトウェアの業界では、こういう発想はあまりありませんでした。

しかし、見渡してみると、いうまでもなく、アップルは製品の洗練さもさることながら、広告のクオリティも突出しています。**素晴らしい製品と、素晴らしい広告が連動して、売れるものになる**のです。

テレビCMだけではなく、タクシー広告しかり、雑誌広告しかり、とにかく広めて、製品の存在を知ってもらう必要があります。製品を知ってもらい、売り場で見つけてもらい、それをレジに持って行ってもらうというのは、本当に難しいことです。

CMの副産物は優秀な人材が集まったこと

そして「特打」「驚速」のCMの最後には、当社のロゴマークと社名が出てきます。ソースネクストという名前は、これで一気に認知度が高まったと私は思っています。

もともとの社名は「ソース」、ブランド名が「ソースネクスト」でした。「ソース」は、ソースコードという言葉からきています。ところが、「ソース」を商標登録しようとしたら、すでに他社が登録済みでした。その登録商標を有する会社は「使ってもかまわない」と言ってくださいましたが、ソースネクストが大きくなったときに問題が起きたら困ります。そこで、「ソース」という言葉を使ったブランド名について、森本から候補として出てきた名前の一つが「ソースネクスト」でした。

そして1999年に、社名とブランド名をソースネクストに統一しました。

そもそも「ネクスト」というのは名詞などの前につけて、「ネクスト～」と形容詞として使われるのが一般的です。そういう名前の会社なら、どこにでもありました。しかし、「～ネクスト」と後につけた会社は一社もありませんでした。今は「～ネクスト」

という形容は日本だけでなく世界でも会社名やブランド名に多く使われていますし、先んじて一つの常識を作れたのではないか、と思います。

CMを大々的に打ったことで、得られたもう一つの大きな効果がありました。ソースネクストという会社のブランド力を高められたことが、人材採用にものすごい追い風となり、優秀な人々がたくさん当社に来てくれたのです。

当時は、わずか社員30名ほどの会社でしたが、新卒採用で、なんと7000通を超える履歴書が送られてきたのを覚えています。大々的にCMを展開したので、面接のため当社にやってきて「え、こんなに小さい会社だったんですか。1000人くらいは社員がいるのかと思いました」と驚かれて、そのギャップがいいと選んでくれた社員もいました。

結果的には、この**人材採用の効果が広告の成果として最も大きかった**かもしれません。実際、この時期に入社した新卒社員たちが、現在、当社の幹部として大活躍しています。会社は人材が要ですから、本当にあのCMをやって良かったと思っています。

徹底的にゴールを検証する

店頭への姿勢と売上には相関がある

サッカーでは、いくら多くのプレーヤーがボールをうまく蹴ることができても、最後にシュートしてゴールできないと点は入りません。最後にシュートする人がきちんといるか、シュートする人にきちんとパスを回せるか。ところが、**パスする人はたくさんいるけれど、最終的にシュートを決める人のいない会社が多い**ような気がしてなりません。

究極は、店頭でお客さまにお勧めできれば一番いいのです。ゴールの前へ、シュートを打てる人が飛び出せるようにしておくことが肝要です。ところが、ゴールの前に、誰もいないメーカーが少なくないのです。

のちに経営が行き詰まり、外資に買収された大手電機メーカーが、とてもわかりやすい例でした。かつて私が頻繁に小売店の販売支援に通っていた頃、お店に入るときは裏の通用口で社名と名前を書くので、どのメーカーから誰が来ているか、すぐにわかります。改めて感じたのは、きちんと**お店に来ているメーカーは、やはり売り場でも強い**ということ。ああ、やっぱりこの会社は来ているな、と思うことがたびたびでした。しかも、何人も来ていたりする。きっと、彼らも思っていたでしょう。ソースネクストは社長が来ているぞ、と。

ところが、その傾いた大手電機メーカーは、名前を見かけることがまずありませんでした。あれでは、経営不振になっても仕方がないと思います。シュートすべき場所に、人がいないのですから。

テレビCMから店頭まで導線をつなげる

私は今でも可能な限り、お店を回ることにしています。日本に帰国したタイミングで、月に5店ほどは回るでしょうか。

売り場にも立って、お客さまにいろいろ聞いてみたい、とも思います。これを実践している競合他社もあって、ソースネクストの製品を買ったお客さまに、購入理由をすべてヒアリングしている会社もあるのです。

これには驚いたというよりも、怖いと思いました。でも、徹底的に突き詰める会社というのは、そこまでやっています。そして、やっぱり業績がいい。いかにゴールに入れるかを徹底的に研究しています。

プロモーションなど、広告を打つことは大事です。では、そのプロモーションや広告の導線が、きちんと店頭へつながっているかどうか。

たとえば、今、注力しているＡＩ通訳機「ポケトーク」のＣＭで明石家さんまさんに出ていただいたのだから、店頭の製品脇にもさんまさんを示すアイキャッチがないといけない。そのままお客さまの頭の中で「あ、さんまさんがＣＭでやっていたポケトークだな」とつながらないと意味がありません。

そのために、店頭に等身大のパネルを置いてもらい、ＣＭのビデオを流してもらっています。そうすることで、ＣＭから店頭につながっていくのです。これこそパスの一つです。

テレビＣＭをたくさん打っても売れないのは、お客さまの頭の中と店頭との間でパスがつながっていないからです。そういうときに「店頭でＰＯＰ等を置いてもらえないんですよ」などという言い訳が聞こえるときがありますが、きちんと正しい条件を提示すれば置いてもらえるはずです。ところが、そういった条件交渉が粘り強くできていない。これもまた、メーカーの責任です。**小売店は、この製品なら儲かると思えば、きちんと売ってくれます**。それこそ、みな経済原理で動いているからです。もとより、わが社以外の製品も含めて、星の数ほど製品はありますから、家電量販店さんがその中で一製品だけをひいきに売るなどということは本来ありません。

もちろん当社よりも粗利益率で良い条件を出しているメーカーもあると思います。し

テレビCMから店頭への導線をつなぐ

テレビCM

店頭でのさんまさんのキャッチ

かし、条件が良いだけではなく、それがどのくらいたくさん売れるかも、量販店にとっては大事な要素です。

彼らにとっては、場所にかかるコストは極めて重要です。その意味で、私が**常に考えているのは、量販店の単位面積当たりの利益をいかに最大化するか**。そのために、広告も徹底的に打つ。そうすることで、量販店にも喜んでもらえる。売れるものこそ良いもの、なのです。

小売店と直接つながる

最大手の卸と決別

創業時、まずは量販店に勤める友人を介して「T・ZONE」や「ソフマップ」で売らせてもらっていたのは前述のとおりです。

起業からしばらくして、販売ソフトの数が増えて売れ行きが上向いていくと、さすがに製品を配送するのが大変になってきました。そんなとき、量販店側から教わったのが、**卸という中間流通の存在**です。世の中に問屋があることも知らないなんて、と笑われたのを今でも覚えています。

そして、どんどんソフトが増えてビジネスが拡大し、卸というのはなんとありがたいものだ、と思ったものでした。同時に、私の中では危機感も生まれていきました。すべてのビジネスが卸を経由すると、自分たちの意思が売り場に伝わりづらくなります。たとえば、良い製品ができて、これは店頭で前面に押し出したいと考えても、必ずしもうまく並べてもらえなかったりする。**卸の判断一つで、製品を選ばれてしまう**からです。自分たちが売りたいものが、思うように売れなくなってしまう危険性もある。

もちろん卸を通すと多くの製品を効率よく納入できる利点がありますが、私は**量販店との間で商談を自由に設定できないことが何より不満**でした。こんなふうに売りたい、こんなふうに展開したい、という相談が直接できないのです。また、自分たちの製品を、自分たちが置きたい売り場に並べるための条件交渉もできません。

同時に、卸側から要求されるリベートが何にどのように使われているのか、わからないことも、また不満でした。また、卸側が交渉力を握り、すべて仕切られて、「今回は○%で卸してください」と言われたら拒めません。なぜなら、ほかに製品を届ける選択肢がないからです。

そして、もう一つ大きいのは、**卸を通していると店頭での実売データが手に入らない**ことです。実売データを通じてマーケットの現状がわかります。

こうした問題意識から、ソースネクストは、卸を通さない小売店との直接取引に乗り出しました。驚くべきことに、あれから20年近く経っても、量販店と直接取引しているソフトウェアの会社は日本では当社だけだと思います。マイクロソフトやアドビといった世界的な大企業ですら、すべて流通業者を通して量販店に卸されているのです。

家電量販店との資本関係の効果

では、なぜソースネクストだけ量販店との直接取引を実行できたのか。

一つは、量販店との間に資本関係を作っていたことです。株式を買ってもらって出資してもらっていれば、単なるソフト会社と量販店との取引関係だけでない、良い関係が作れる、と私は考えていました。

最初にヨドバシカメラさんに出資してもらったのは１９９９年ですから、直接取引が始まる5年前のことです。その効果を狙っていたわけではありませんが、**直接取引するに当たって、資本関係のおかげで交渉がスムーズだった**ことは間違いないと思います。

実は直接取引のきっかけは、ある大手家電量販店から申し出があったことでした。

ソースネクストは当時、ソフトをもっと広く世の中の人に使ってもらいたいと、価格を相場の5分の1ほどに一気に値下げして１９８０円均一で売り出し、業界が大騒動になっていたのです。このとき、価格を大きく引き下げ販売量を大きく伸ばしたことを、その大手量販店に非常に高く評価してもらっていました。この戦略を応援する意味でも、直接取引をしたい、というお言葉を頂いたのです。

そして、その大手量販店と直接取引の契約を結んだと伝えると、他の大手2社の量販店も直接取引に舵を切ってくれました。こうして業界の大手3社との直接取引が実現しました。

びっくりすることが起きたのは、その少し後のことです。発売前から大きく話題になっていた「ウイルスセキュリティZERO」が、直販取引の契約をしていなかったある量販店でなんと発売日に並ばなかったのです。

何が起きたのか、真相はわかりません。非常に話題の製品だったので、明らかにおかしな事態です。私はその量販店に訪問して直接取引をさせてほしい、とお願いしました。返ってきたのは、意外な言葉でした。

「直接取引のためには、会社が上場をしていることが条件です」

私はこの一言で、上場を急ぐことを決意し、5カ月後のこの年の12月に上場を果たしました。その報告がてら、再びその量販店に出向くと、直接取引が開始されました。

その後、残る数社の量販店とも同様の契約を結び、**卸を通さない業界唯一の直接取引という型破りな取り組みが実現**しました。結果的に、これがソースネクストの成長を大きく下支えしてくれることになります。「ポケトーク」を展開する場合も、もし売り場を確保する交渉が量販店と直接できなければ、発売当初から大きく展開してもらえなかったでしょう。

直接取引にはもちろん、怖さもありました。それでも、踏み込んだ意義は大いにありました。

ブランドの寡占化で強みを増す

年賀状ソフトの買収を続ける理由

お客さまが求めるソフトをどんどん出していく。より安価に、よりたくさんのチャネルで、より革新的に——。

そうやって成長してきたソースネクストでしたが、一つだけ勝負していない大きな市場がありました。「年賀状」ソフトのカテゴリーです。

年賀状ソフトには、圧倒的に強いブランドがありました。「筆王」「筆まめ」「宛名職人」、そして「筆ぐるめ」。ほぼこの4ブランドが固定化された寡占状態で、他のソフトは売れない、と判断していました。ソースネクストも「筆休め」というソフトをかつて作っ

寡占が進む年賀状ソフト

ていましたが、まったくシェアが伸びず、あきらめていました。

どうしてあっさりあきらめたのかというと、あの**世界的な巨人マイクロソフトですら、この市場で敗退**していたからです。年賀状ソフト市場の大きさに目をつけ、巨額の資金をかけて「はがきスタジオ」というソフトを開発し、満を持して発売しましたが、「筆まめ」や「筆王」や「筆ぐるめ」に勝つことができませんでした。

あのマイクロソフトが本気になって、大量の資金を投じ、プロモーションもしたのに、最終的に撤退を余儀なくされたのです。これを見たとき、年賀状ソフトのブランドをゼロから作るのは100%無理だと判断しました。

実際、筆ソフトと呼ばれていた年賀状ソフトは、多いときは実に15種類以上あったのです。しかし、**すべて淘汰され、最終的に4ブランドまで集約**されました。

個人のパソコンの中には、いろいろなソフトが入っていますが、年賀状ソフトの場合は、そうそうソフトを乗り換えません。その特定の年賀状ソフトの操作に慣れているし、住所録のデータベースがすでにあるからです。それをわざわざ作り直すような手間は、誰しも避けたいでしょう。このため、ブランドを移行してもらうハードルは非常に高いのです。

では、どうするか。——「買収すればいい」と考えました。

２００６年に上場して資金ができたタイミングで、ちょうどうまく「筆王」を買わないか、という話が舞い込みました。渡りに船、とばかりに私はこの話に乗りました。

ユーザーサポートでたらい回しにされないために

自宅でパソコンを使っている一番の目的が「年賀状を作成するため」というユーザーは今も少なくありません。つまり、年賀状ソフトというのは、個人が利用するパソコンソフトの中でも極めて重要なものです。だからこそ、量販店もきちんと品揃えしておきたい製品です。

先に、異例ともいえる量販店との直接取引を始めた話を書きましたが、こういう**大事**

なソフトで大きな存在感を持っていることは、メーカーにとって大きな強みとなります。仮に卸からプレッシャーを受け、量販店に製品を置いてもらえなくなりそうな事態が起きたとしても、ブランドのある年賀状ソフトを持っていれば、そのリスクも回避でき、流通戦略上も大きな意味を持てるのです。

そしてもう一つ、我々は、**お客さまのパソコンに、さまざまなソフトウェアを入れていただきたい**、と考えています。しかし、メーカーが異なるソフトを複数買ってサポートを受けた方ならおわかりのとおり、何かトラブルが起きたとき、だいたい他の会社のソフトのせいにされます。

たとえば、年賀状ソフトが動かない。それでサポートデスクに電話をかけると、「セキュリティソフトは何を使っていますか」と聞かれる。それで答えると、「ああ、おそらくそのセキュリティソフトが悪さしているんですよ」と言われたりします。

それで今度はセキュリティソフトのサポートデスクに電話をすると、「年賀状ソフトは何を使っているか」とまた問われる。「その年賀状ソフトが問題なんですよ」と言われる。要するに、たらい回しにされます。

こうした悩みを抱えている人は、極めて多いものです。これを解決するためには、**すべてをソースネクストで揃えて、サポートを一手に引き受けること**です。

また、正直なところ、セキュリティソフトを〝楽しみ〟のために買う方はほとんどおられません。必要に迫られ、仕方なく買っていらっしゃいます。「ウイルスセキュリティZERO」を更新料ゼロで安値に挑んだのは、パソコンに不可欠なソフトなのに高額な料金を課金するのはよくない、という気持ちがあったからです。セキュリティソフトを安く買って、その浮いたお金を別のことに使ってほしかったのです。

さらに年賀状ソフトで複数ブランドを提供する理由はもう一つ、各ブランドのユーザーが重ならないからです。「筆王」「筆まめ」などそれぞれのブランドに、それぞれにファンがついています。プロ野球にたとえると、巨人ファン、阪神ファンのようなイメージです。巨人ファンでかつ阪神ファンの人はいません。それぞれお客さまが違う。これはとても重要なことです。なぜなら私たちがまだリーチできていないユーザーがたくさんいらっしゃる可能性があり、そのユーザー層にソースネクストの他の製品を買ってもらえるチャンスもあるし、ソースネクストの今のユーザーにその製品を買ってもらうチャンスもあります。

最もユーザー数が多かったのが、「筆まめ」でした。だからこそ「筆王」の事業を買収した後も、ずっと買収交渉を続けていました。

「宛名職人」はMacのソフトなので、Macのユーザーを取り込むことができます。2016年に「宛名職人」のプログラム著作権と商標権を獲得しました。

そして、2017年には「筆まめ」を買収し、4つある年賀状ブランドのうち、3つのブランドを当社が持つことになりました。

優良な消費者を囲い込む

顧客1700万人の直接販売ルートの強み

どうしてソースネクストのソフトはそんなに売れるのか、と問われることがあります。

もちろん、直接取引によって、家電量販店としっかり関係を築けていることもありますが、もう一つのカギは、**23年間分の顧客基盤が大きな強みとなっている自社ウェブサイト**にあります。その数は、今や1700万人を超える規模になっています。

これだけの顧客基盤を作れたのもソフトウェアならではで、ユーザー登録しないとサポートを受けられない仕組みだからです。バージョンアップもしていくので、ほとんどのお客さまがユーザー登録をされます。

たとえば、ハードディスクを買ってもユーザー登録する人は少ないでしょう。テレビを買ってユーザー登録する人は、1%以下だと聞いたことがあります。

しかも、この顧客基盤は買収などによって、増えていきました。「筆まめ」や「筆王」

さまざまな商品が販売されている自社サイト

の買収後、それらのユーザーが100万人単位で増えました。しかも、それまでのソースネクストのユーザー層とは違った層です。さらに「Evernote」や「Dropbox」になると、これもまたまったく違うユーザー層だったりします。

ソースネクストは、この1700万人規模の顧客基盤に直接リーチできます。しかも、**パソコンソフトの購入層というのは一般的に、意識が高く、ゆとりのあるお客さまの層**です。というのも、海賊版やコピーもたくさん出回る中で、きちんと正規で購入して、きちんとユーザー登録してくださっているという点からもうかがえます。とてもありがたいお客さまなのです。

こういうお客さまに、たとえば新しい製品情報をメールで送ると大きな反響があります。しかも、そもそも購買力の高いお客さまが多いですから、ソフトウェア以外でも、売れるモノがあることがわかってきました。

パソコンやドライブレコーダーなど、万台単位で売れるものもあります。また、ある会社がアニメのキャラクターを使った製品の在庫が余ったとき、ターゲットを限定してお知らせを出し、あっという間になくなったこともありました。

一方、お客さま側からしても、良いものが安く買えます。在庫処分といっても、不良品や古い製品だったわけではなく、単純に作りすぎてしまっただけですから、掘り出し物といえるでしょう。

メーカーとお客さま、双方にとってWin－Winの構図を作ることができていると思います。

eコマースだけに一本化したらうまくいかなかった

つまりソースネクストは今、顧客基盤に基づくeコマースと、直接取引している量販店という、ウェブとリアルの両方に販売ルートを確保しています。振り返れば、**流通ルートをリアルな店舗とeコマースのどちらかに絞ったソフトウェアの会社は、うまくいかなかった**、というのが私の印象です。量販店だけでも利益率が低くなりがちである一方、eコマースだけに絞ってしまった結果、店頭での露出が減り、ブランド力が落ち、お客さまにリーチできなくなった会社も少なくありません。

特に年配のお客さまの中には、量販店でしっかり説明を受けて買いたい、という方も多いでしょう。やっぱり量販店で、ドーンと積み上げられた中から買うのが安心だ、という方もいらっしゃいます。そうして購入された製品をユーザー登録すると、今度はメールで案内が届く。ここからeコマースに流れてくる方もいらっしゃいます。私たちは、その両方のチャネルをがっちり握っています。

メーカーとしては、直販のほうが利益率は高い。しかし一方で、まだ量販店で買うお客さまも相当数いらっしゃいます。その**両方にしっかり対応した会社は、ほとんどなかった**のではないでしょうか。

ソースネクストは、ソフトウェアに関してはeコマース経由の収益が増えています。売上比率でいけば、eコマースとリアル店舗で6対4くらいでしょう。でも、まだ厳然と4割は量販店を通じた売上です。「ポケトーク」が強いのもやはり量販店です。触ってみて買いたいお客さまが多いからです。

ですから、これからも直販と量販店経由の両方の販路を続けます。そして、「ポケトーク」という新しい領域の製品が加わったことで、顧客基盤は、これまで以上に幅広く、また大きくなってきています。

トレンドを読み、本質を知る

第4章

時代の潮流を読み誤ると簡単には挽回できない

大赤字を作った「Uメモ」シリーズ

1996年の創業から、「驚速」「特打」の大ヒット、1980円という価格設定の大反響、「いきなりPDF」や「ウイルスセキュリティZERO」など大きな支持を受けるソフトを世に送り出し、ソースネクストは成長してきました。2006年には東京証券取引所マザーズ市場に上場、2008年には東証一部に指定替えしました。

しかしこの間、ITの世界には確実に大きな潮流変化が起きていました。端的にいえば、**じわじわとパソコンからスマートフォンの時代に移っていた**のです。しかし、その潮目を私は見誤りました。

今だからそう思うのですが、この潮流変化を読むのは、極めて難しかったと思います。グーグル創業者であるラリー・ペイジさんですら、「スマートフォンがここまで急激に普及するとは思わなかった」と語っています。そのくらい急激だったのでしょう。

また、ソフトウェアの世界を牽引してきたマイクロソフトも、パソコンの世界で成功してきただけに、変化を見誤ったようでした。これは、ビル・ゲイツさんも認めています。

私自身は、1996年からWindowsに懸けてソフトウェアを矢継ぎ早に発表し、うまくいってきただけに、**大きな成功体験に引きずられてしまった**、といえます。しかも、スマートフォンの時代が来ようとしている2009年、私はさらに大きな判断ミスをしでかしてしまうのです。完全な大失敗で、これで本当に会社が傾きかけてしまいました。

当時、パソコンからどんどんCD－ROMドライブがなくなっていく動きが進んでいました。それまでパソコンソフトといえばCD－ROMが主流でしたから、その対応策を考えていく必要がありました。

シンプルにダウンロードする形にすればよかったのですが、私はウェブ経由でなくモノを介する形にこだわってしまったのです。ダウンロードは「よくわからない」「トラブルが起きそうだ」と抵抗感のあるお客さまもいらっしゃるし、ダウンロード以外の選択肢を作ることで他社との差別化にもなる、と考えたのでした。

その解決策は、CD－ROMの代わりにUSBフラッシュメモリを使うことでした。これを「Uメモ」シリーズと名づけて販売したのです。しかし、このメモリの原価が高かった。CDは数十円ととても原価が安かったのですが、当時、メモリは一つ500円ほどもしたのです。

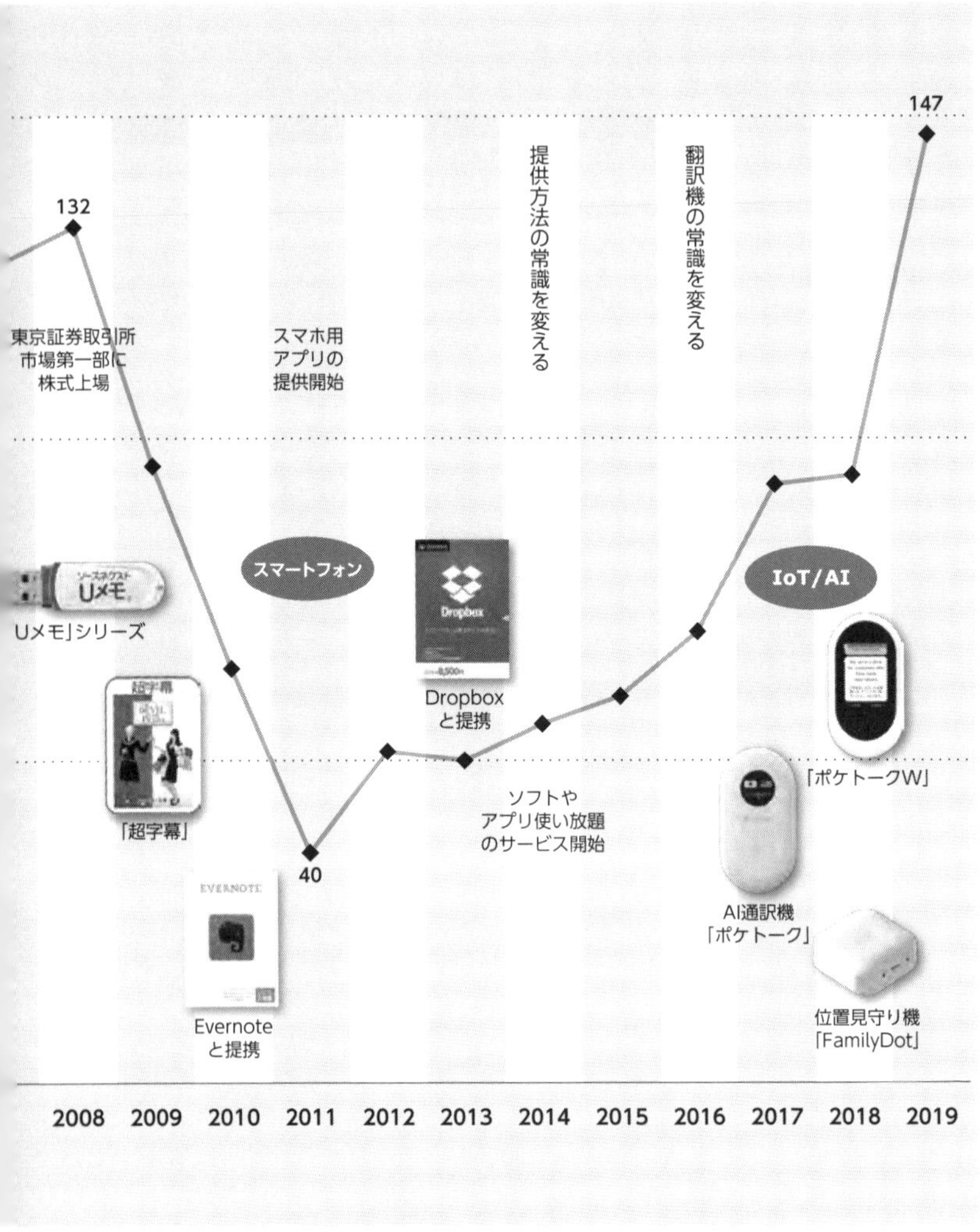

147
132
40
東京証券取引所
市場第一部に
株式上場
スマホ用
アプリの
提供開始
提供方法の常識を変える
翻訳機の常識を変える
スマートフォン
IoT/AI
「Uメモ」シリーズ
「超字幕」
Evernote
と提携
Dropbox
と提携
ソフトや
アプリ使い放題
のサービス開始
「ポケトークW」
AI通訳機
「ポケトーク」
位置見守り機
「FamilyDot」
2008
2009
2010
2011
2012
2013
2014
2015
2016
2017
2018
2019

図4-1　ソースネクストの売上推移と主な製品

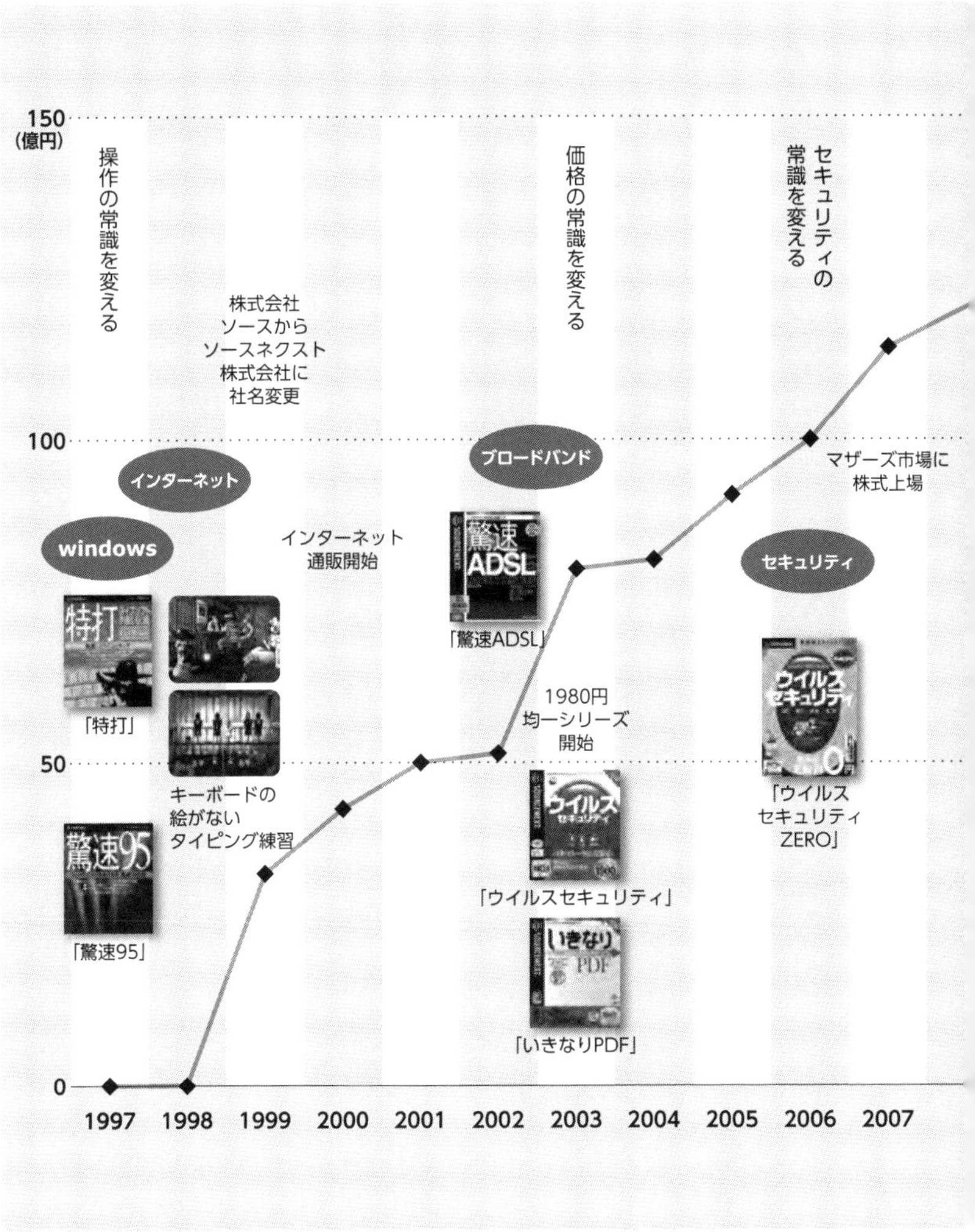

しかし、このメモリ分をソフトの価格に上乗せするとなると、販売価格を１０００円ほど上げないと同じだけの利益が確保できません。価格が高くなれば売れなくなることも、私にはわかっていました。原価をお客さまに負担してもらうか、それともソースネクストで吸収するか。

まずは前者でトライしましたが、価格が高すぎてまったく売れませんでした。これは間違いだったと価格を下げたのですが、時すでに遅しで、利益が落ちるどころか販売コストも加えたら赤字になってしまいました。

このとき、Ｕメモシリーズの代表が、ソフト「超字幕」でした。映画で英語を勉強するソフトです。たとえば、有名なビジネス映画「ウォール街」でビジネス英語を学べる、とても画期的な商材でした。

映画会社に払うロイヤリティ費用も大きく、価格は高めの４９８０円に設定していました。ＤＶＤの映画ソフトよりも高い価格でした。発売はしたものの想定より売れなかったので、この後に販売価格をどんどん下げていきました。４９８０円から１９８０円まで引き下げました。

こうなると、売れれば売れるほど、赤字が積み上がります。**売れても赤字が拡大する。それまでに経験したことのない事態**でした。

しかも、たくさん売れると見込んで、ＵＳＢメモリを大量に買い込んでいました。２

00万個、ざっと10億円です。

しかるべきタイミングで資本を積む

債務超過寸前で増資する苦しさ

しかも運悪く、ここに押し寄せたのが、リーマンショックです。リーマンショックは世界を震撼させましたが、日本でもとんでもないことが起きました。店頭での売れ行きがパタリと止まり、量販店からメーカーへの発注がなくなったのです。2008年度に、ソースネクストは28億円という巨額の赤字を出しました。ある量販店から「御社に限らず、今はどのメーカーのソフトも一切発注できない」という連絡が届きました。

あのときは、業界全体が危なかったといっても過言ではないでしょう。すべての需要が止まってしまった。量販店もメーカーも、厳しい状況に陥りました。

当時、ソースネクストは東証一部に上場していました。仮に**キャッシュを手元に持っていたとしても、債務超過になれば終わり**です。1年経って解消されなければ、上場廃止になってしまう。銀行もお金を貸してくれません。株価もどん底です。必要なのは、現金と自己資本でした。自己資本を増やすには、**利益を出すか、増資するか、簿価の安**

い資産を売るか。選択肢はこの三つしかありません。

利益を出すといっても、マーケットが縮小している状況では、どうにもなりません。しかも運悪く、原価の高い「Uメモ」シリーズを展開してしまっていました。仕入れすぎたUSBメモリの負担も大きくのしかかり、値下げして売れても、赤字が拡大するばかりです。

私がまず選択したのは、増資でした。でも、株価はとんでもなく安くなっていて、そのときの時価総額では、10億円を集めるのに発行済株式の25％くらいを出す必要がありました。それでも、背に腹は代えられません。

私が真っ先に引受先としてお願いに行ったのは、最初に株式を持っていただいたヨドバシカメラさんでした。ヨドバシカメラさんは、それまで1株たりとも売っておられませんでした。それが、危機的状況に陥ってしまったわけですから、快い反応のはずがありません。資金はあってもそんな危ない会社にさらにお金は出せない、と考えるのは当然です。しかし、なんとか増資に応じていただくことができました。

安値で株を買ってもらい、現在の株価はそのときの20倍以上になりました。大変な状況のときに救っていただいた恩を、少しでも返すことができたと思っています。

そしてもう1社は、楽天さんでした。創業者の三木谷浩史会長兼社長とは、楽天という名前になる前からお付き合いがありました。これはもう正直にお願いしてみるしかない、とメールでアポイントを申し込むと、お会いくださり、投資の快諾を頂きました。ヨドバシカメラさん、楽天さんには本当に心より感謝しています。

また、「超字幕」の著作権と商標権もナガセさんに売却し、数億円の利益を出すことができました。

こうした増資策や資産売却と同時に、コストダウンも図りました。オフィスは六本木ヒルズから虎ノ門に移転しました。坪単価は2分の1になり、面積も3分の2にして、家賃は3分の1になりました。

どうにか**積み上げた売上とコストダウンで、なんとか利益を出す**ことができました。増資と資産売却もあり、債務超過寸前という最大のピンチをからくも切り抜けることができたのです。

振り返れば、幸運もありました。東京一部上場後3カ月でリーマンショックに見舞われたのですが、**東証一部に上がっていたおかげで、まだその信用が多少効いた**ことです。それは、不動産会社との交渉などでも活かせました。

一方で、金融機関とのやりとりは大変でした。ゴーイングコンサーン（GC）注記がついてしまい、これが2011年まではずれませんでした。こうなると、銀行の対応は厳しくなり、自宅も抵当に入れました。会社を上場していて、ここまでやらないといけないのか、と暗澹たる気持ちになりました。しかし、そのくらい危なかった、ということです。

毎月、銀行に報告をせねばならず、容赦ない言葉が飛んできました。新たに融資をしてもらって新しい事業に懸けよう、などという前向きな相談は、まったくできない雰囲気でした。

とはいえ、銀行というのは、そういうところです。銀行からすれば、要するに業績さえ上げてくれればいいのです。いかに自己資本を増やすか、いかに黒字にするか、という勝負。とにかく結果を出せ、ということです。だから、ヨドバシカメラさんや楽天さんから増資をしてもらったときに、銀行は驚いていました。この土壇場で増資してもらえる会社なのか、と。

このときに**かなり大変な思いをしたので、もう銀行からは借りたくない**、と強く思い、実際に業績回復後は、しばらく完全に無借金経営にしました。

そして**資金を調達できるタイミングで、自己資本を厚くすることの重要性を痛感**しました。

同時に、上場時に十数億円しか資金を調達しなかったことも強く反省しました。東証一部への指定替えのときもまったく増資しませんでした。本当に未熟だったと思います。

私は、株の希薄化を恐れて、上場時にほとんど資金を集めなかったのです。自分の持ち分が減ることに対して、恐怖感がありました。

しかし、**会社が厳しい状況に陥ったら、キャッシュと自己資本がすべて**ということが身に染みてわかりました。将来何が起こるかはわかりません。一寸先は闇。だから、業績が良いときに、きちんとキャッシュと自己資本を増やしておかないと危ないのです。これは、大きな学びでした。

このときの経験を踏まえ、2号機「ポケトークW」の開発にあたっては、増資を行いました。今は、継続して利益を出すことを続けたことと、しっかり資金調達ができたことで、100億円以上の自己資本があります。

失敗したら原点に戻る

3年で全国の量販店1000店を回る

会社がつぶれかかり、まさに文字通りのどん底を味わって、やるべきことをしっかりやらないといけない、と原点回帰を誓いました。「店回り」です。

社内に宣言した目標は、「1000店舗を自分で回る」でした。2010年のことです。

そして**北海道から沖縄まで、3年間で1034店舗**を回りました。

ソースネクストの製品を置いてくださっている店舗です。挨拶をし、売り場の写真を撮り、状況の評価をし、営業担当者に「ここは、こうしたほうがいい」といったアドバイスやお願いを伝え……というアクションを一店一店、実行していきました。

振り返ると、2006年に上場したあたりから、あまり私自身が店頭に行かなくなっていました。**上場して傲慢になっていた**のだと思います。

創業以来、あれほど店を回って、売り場に立って、本当にたくさんのヒントをもらっていたのに、それができていなかった。原点に戻り、店頭に戻ることにしたのです。

3年で1000店というのは、振り返ってみても、相当な数だったと思います。年間300店強です。土日のほとんどは、レンタカーを借りて、お店回りに使っていました。

でも、1000店も巡ったことで、見えてきたものはやっぱり大きかった。すべての基本はお店にある、と改めて思いました。

2011年に「スーパーセキュリティZERO」を発売して、セキュリティソフトで**大きくシェアを挽回できたのも、お店を回っていたからこそ可能だった**と思っています。

これを出せば絶対に売れる、という確信を手に入れていたからです。

業界の掟を破り、更新料ゼロというセキュリティソフト「ウイルスセキュリティZERO」は、大ヒットしてセキュリティソフト1位の座を手に入れることになったわけですが、その後、競合が新しい売り方を取り入れたことなどもあって、一時の勢いが落ちてきていました。

お店を回ったときにわかったのは、品質に関して良いイメージを持たれていない、ということでした。厳しい声を直接もらったこともありました。

値段はもう少し高くていいから、クオリティの高い製品を出さないといけない、という思いから生まれたのが、当時、検知率が世界ナンバーワンのセキュリティソフトを更新料0円にした「スーパーセキュリティZERO」でした。これが大いに好評を博すことになります。

ダウンロードの時代にあえてパッケージで売る

また、お店に行くと、競合他社がどんな策を講じているのか、どんな強みを持っているのかといった情報がよく見えました。**売り場に行くと、自分たちの姿だけでなく、競合の取り組みも丸見えになる**のです。

そして**ウェブ上のダウンロードではなく、パッケージで買うニーズもまだまだあること**に、改めて気づきました。

そこで、このときに取り組んだのが、「Uメモ」シリーズのUSBメモリを活用することでした。コストに見合わず、まったくうまくいかなかっただけに、USBフラッシユメモリの在庫が２００万個もありました。単独で売ろうとしても売れるものではない。だったら、一番売れる製品をＵＳＢメモリに入れて売ったらどうだろう、と考えました。
一番売れる製品といえば、「ウイルスセキュリティＺＥＲＯ」です。もともと３９８０円で売っていたのですから、それを１９８０円にしたら絶対に売れる。かつ、ＣＤ－ＲＯＭではなくＵメモで売る。実は利益はほぼ出ないのですが、ＵＳＢメモリはすでに償却済みでした。１９８０円かつ更新料０円かつＵＳＢメモリだと、競合は絶対に真似ができない製品です。これで、ＵＳＢメモリの在庫は一掃できました

この製品の成功で、ソースネクストには大量のキャッシュが入ってきました。大量の不良在庫が、お金に換わったのです。それにしても、２００万個すべてが短期間で売れてしまったのは驚きでした。

危機的状況からいかにリカバリーするか。いかに現金を手に入れるか。この「Ｕメモ」での「ウイルスセキュリティＺＥＲＯ」は、ソースネクストが**過去に成功したものと失敗したものを掛け合わせたもの**でした。

ウイルスセキュリティＺＥＲＯと１９８０円シリーズ。この二つの成功体験を掛け合わせたうえで、失敗したＵメモを使う。危機を乗り切るために、いってみれば、それまでのソースネクストの経験と資産すべてを詰め込んだ製品を送り込んだのです。

この「Ｕメモ」での１９８０円の「ウイルスセキュリティＺＥＲＯ」は、製品別ラン

キングでセキュリティソフト1位の座を奪回しました。セキュリティソフトは最も売れる製品だったので、日本にあるすべてのソフトウェア製品で最も売れた製品になったのです。必ずうまくいくだろうという**確信は、たくさんの店を回っていたからこそ、つかめていた**ことでした。

伸び率だけでなく総量にも目を向ける

新規事業スタート時の落とし穴

パソコンからスマートフォンへ。この新しい潮流にどう対応していくかが求められたのが、2012年あたりからでした。少しずつアンドロイド系のソフトで提携を始めていましたが、決して甘い世界ではない、とシビアに見極めていました。

特にサブスクリプションモデル（一定期間利用できる権利にお金を払う、月額定額支払いなどの仕組み）が話題になり始めていました。アドビやセールスフォースのような成功例が出始めていましたが、彼らは基本的には法人向けのビジネスです。個人向けだと、サブスクモデルでうまくいっていると思えるビジネスはほとんどありませんでした。無料から有料に切り替えて使い続けてもらうのは、極めて高いハードルです。

実際、少し試してはみましたが、**単独で生き残れる商品・サービスは、本当に少ない**ことが実感できました。ほとんどのものは無料で利用できますから、たとえ月額100円でも、有料にしようとしたら本当に難しい。

サブスクリプションは、とてもポテンシャルが高そうなビジネスに思えますが、実はとても難しいことがよくわかりました。アドビやセールスフォース、マイクロソフトのソフトウェアのように、「これなしでビジネスできますか？」と言えるぐらいビジネスに不可欠なサービス、つまり完全なデファクトスタンダードの域に達したサービスでないと難しい、と判断したのです。

お客さまの立場で考えると、そもそも世の中に無料のアプリがあふれているのに、なぜ有料のサービスを使わなければならないのか、と思われるはずです。どうしても必要不可欠なもの以外は、買っていただけるわけがありません。

それと比べれば、先に挙げた年賀状ソフトのように**お客さまにとって習慣化している製品のほうが、はるかに売りやすい**。日本人が年賀状を出さなくなっている、といっても、まだ年間約20億枚の年賀状が出されています。平成が終わるのを機に年賀状やめます、という人たちが増えたといわれますが、全員がやめるわけではないはずです。出しておいたほうがいいと思う人もいるし、もらえないと怒る人もいらっしゃいます。

私自身も、年賀状は一言添えて書くようにしています。「今年は〇〇に挑戦をします」などと書くと、「会いましょう」という連絡をもらって、久しぶりに会う機会が作れることが多いものです。

そういう年賀状が突然なくなったら、損失ではないでしょうか。しかも、たった63円です。63円で他の手段で同じ効果を得ようと思っても、なかなかないでしょう。たとえば目上の人宛てにきちんとした手紙を出すべきところも、年賀状だからハガキ1枚で済みます。

実際、ヨドバシカメラさんに株主になっていただいたのは、社長に出した年賀状がきっかけでした。

話が横道に逸れましたが、サブスクリプション型のアプリのビジネスは難しく、単品勝負できるものは極めて少ないと考えています。

キャリアのサブスク・サービスに加わる

幸運だったのは、携帯通信キャリアが行っているサブスクリプションサービスに参加できたことです。レストランでいえば、バイキングのメニューに加えてもらうような手軽さがあります。単品勝負が難しくても、これなら使ってもらえるチャンスが高まるのではないかと考えました。

最初に加わったのは、アンドロイドアプリの「ａｕスマートパス」へのアプリ提供でした。２０１2年のことです。

月額３９０円（当時）をユーザーが支払うと、そこからアプリがダウンロードし放題、使い放題になる。そこにソースネクストが、どんどんアプリを提供していったのです。たくさん使われるアプリになれば、マンスリーアクティブユーザーの数と割合で報酬が分配されます。

物流コストが生じませんから、利益率は高くなります。ここで大きな人気を獲得したのが、「驚速」でした。このアプリで、「驚速」ブランドはまた復活したのです。

この後、ドコモさん、ソフトバンクさんと、他のキャリアでも、こうしたサブスクリプションサービスが始まり、アプリを提供していきました。

そして、２０１４年のソースネクスト自社でのアプリ使い放題サービスにもつながっていきます。パソコンソフトが１２０本以上使い放題になるのが「超ホーダイ」。１００本以上のアンドロイド端末用のアプリが使い放題になるのが、「アプリ超ホーダイ」です。年賀状ソフトなどのパソコンソフトに加え、提供方法の常識が変わり、スマホアプリでも稼ぐ時代がいよいよやってきたのです。

そして、その後はＡＩ通訳機「ポケトーク」が売上の半分近くを占めるまでに急成長しました。この「ポケトーク」開発にあたり、大きなきっかけになったアプリが２０１

6年に生まれたのでした。

企業側の都合だけで進めない

留守番電話をテキスト化する「スマート留守電」

もしサブスクリプションビジネスでアプリ開発を考えるなら、ポイントは、お客さまが毎月払い続けてもいいと思えるサービス、継続できるサービスだと思っていました。一度使うと手放せなくなるサービスです。

解約しにくく、**払っているかどうかわからないようなサービスではなく、積極的に続けたくなるサービス**でなければなりません。実のところ、本人も気づかないまま、今なお払い続けている月額サービスはたくさんあるといわれています。

たとえば、固定電話のキャッチホンです。ピンときた方はお調べいただいたほうがいいかもしれません。知らず知らずに、払っている可能性があります。使っていないから解約したほうがいいですよ、と親切に連絡が届くわけでもありません。それで、とんでもない利益を企業が上げている可能性もあるのです。

結局、**サブスクリプションがいい、といわれているのは「企業にとって都合がいい」**

ということが多いです。実はお客さまにとっては、最も迷惑なサービスだったりする可能性もあります。

何も使っていないのに、知らないままに、むしり取られている可能性がある。決してイメージはよくないはずです。なのに、サブスクリプションがもてはやされていることに、私は違和感を持っていました。

だからこそ、あるとき社内で徹底的にブレーンストーミングしてみました。明らかに不要で一度使ったら使わなくなりそうなサービスもあれば、ずっと使い続けたくなりそうなサービスまで、いろいろと考えられるはずです。

そこで出てきたアイデアが、留守番電話のメッセージをテキスト化して届ける、というサービスでした。実際に「スマート留守電」という名前のアプリとして、ソースネクストが自社で開発しました。

最近は、若い人を中心に電話機能をあまり使わなくなっています。とはいえ、ビジネスにおいては電話が入ることもあり、電話に出られないときは留守電を使っている人がほとんどでしょう。しかし、留守電を聞くのが面倒だ、という声がよく聞こえていました。ＬＩＮＥやメッセンジャーに慣れている人には、録音された電話の音声を聞くことすら手間だというのです。

そこで、後から聞くのが面倒な留守電をテキスト化してしまおう、というのが「スマート留守電」です。テキスト化して、SMSやメール、LINE、フェイスブックメッセンジャーに転送してくれます。そして、音声で聞くこともできます。

有料で月額300円前後の金額に設定していますが、これが非常に便利です。一度使うと、みなさんほとんど解約しません。そんなに頻繁に使わなくても、いざというときにあると便利なので、継続していただけます。

たとえば、会議中で電話に出られないとき留守電がテキスト化されたら、会議中でも読むことができます。取引先からの大事なメッセージにもすばやく対応できる。メールで取り急ぎ返すこともできます。

また、飛行機で移動する場合は、機内で電話を受けることができません。そして、この時代にあえて電話をかけるというのは、重要な話であることが多いものです。あるいは、重要なご年配の方からの連絡だったりするので、見過ごせません。

飛行機の中でもWiFiがつながっていれば、留守電の内容をメールやLINEなどでテキストとして読んだり、音声で聞くことができます。

印象深かったのは、「スマート留守電」を記者発表したとき、メディアの記者からの評価が高かったことです。彼らには四六時中、電話がかかってきますが、記者発表中や取材中は電話に出ることができないので、その利便性を感じてもらえたようです。

話し言葉をテキスト化するＡＩの精度の高さに驚く

おかげで、このサービスは注目してもらうことができました。子どもに関する連絡が学校から突然入って出られないときや、電話に出にくい電車や病院内でも使えると、とても好評を得たのでした。テレビ東京の「ワールドビジネスサテライト」でも取り上げられました。

ソースネクストが**サブスクリプションのアプリを出すのであれば、ソースネクストらしいものでないといけない**と思っていました。**便利で、役に立って、しかも驚きがある。**そういう使い勝手がいいものこそ、私たちの製品のポリシーなのです。そしてサブスクリプションで、なんとなくお客さまがお金を払い続けるようなサービスではなく、一度使ったら、なかなか手放せない、満足度の高いサービスを作ることができました。

この留守電のアプリは、自社開発でした。おかげで、試行錯誤をして、いろいろなことがわかりました。特に驚いたのは、聞いた日本語をテキストにしていくＡＩの精度が、極めて高くなってきていることでした。

ただし、すべてのエンジンがそうかというと、オフラインの聞き取りエンジン、つまりクラウドでないエンジンは圧倒的に精度が低かったのです。逆にいうと、クラウド上の聞き取りエンジンはとんでもなく精度が高くなっていました。

　そしてもう一つ、重要なことは聞き取りをする環境です。留守電は、ボソボソと吹き込む人もいます。また、もともと電波がアナログなので、クオリティがそもそも低い。ところが、それでもかなりの精度で聞き取っていたのは驚きでした。


　そこで、ふと浮かんだ言葉を担当役員に漏らしたのでした。

「これ、翻訳はできないよね」

　そうすると、彼は言いました。

「いいえ、翻訳もかなりの精度でできますよ」

　そして、日本語を話すと、それが英語ですらすらと戻ってきたのを、そのときに私は初めて目にしたのでした。グーグルのエンジンを使ったウェブ上の翻訳でした。

　これには本当にびっくりしました。話した内容が、簡単に英語になる。こんなことがもう現実にできるのか、と思いました。これはもしかすると、**ずっと夢見てきた〝あの機器〟――そう、翻訳機が作れるんじゃないか、と直感的に思った**のです。

型を知らずして「型破り」はできない

社員からの情報は宝の山

会社が危機に陥って以来、より多くの本を読むようになりました。今も、年間100冊以上の本を読みます。経営に関する本、マーケティングに関するメジャーな本は、ほぼ目を通していると思います。

気になる新刊本があれば、すぐに電子版で買います。飛行機の移動時間に読むことが多いので、多いときは1日5冊くらい読むこともあります。

なぜ本を読むのかというと、学ぶにあたって最も経済効率が高いからです。私は使った時間とお金の費用対効果をとにかく意識します。本は、途中で「もういいや」と思ったら読まなくていい、という利点があります。

完読することが目的ではないのです。面白いなと思ったら全部読めばいいし、目次だけ見て気に入ったところだけ拾い読みもできます。一方、映像などではこうはいきません。

ただ、世に「鉄板」といわれる定番書はきちんと読みます。ピーター・ドラッカーさんの著書や、ジム・コリンズさん著『ビジョナリー・カンパニー』シリーズなどは、やはり読んでおくべき本だと思います。読んでいるか読んでいないかで、まったく違う、という本が間違いなくあります。

やはり**世の中の定石は、知っておかなければいけない**。

それこそ、**「型」がわかっているからこそ、型破りもできる**のです。常識を破るのも、常識をわかっていないとできない。慣習を破るのも、その慣習の構造がわかっていなければできません。そこから、「顧客満足度と利益は比例している」といった新しい発見もありました。

また、会社が危機的状況に陥った2009年頃、利益を出すためにどうすればいいのかを学ぼうと読み始めた1冊がピーター・ドラッカーさんの本でした。

「利益は、マーケティングとイノベーションと生産性の向上から生まれる」

私は朝礼などで、このことを繰り返し社員に説いていくことにしました。ただ、それを言うだけでは、なかなか会社は変わりません。

これを徹底するために、2011年10月に始めた、新しい取り組みがあります。ソースネクスト社内では「**MI制度**」と呼んでいます。**「マーケティング&イノベーション」を略して「MI」**です。社員のみんなに、マーケティングとイノベーションのアイデアをください、とお願いしたのです。

当社ではもともと、社員全員の情報を共有するためにメールで日報を出してもらっていましたが、その冒頭に**マーケティングとイノベーションのアイデアを書いてもらう**ことにしたのです。

強制ではありません。書きたい人が書く。どんなことでも構いません。こんなふうに売ったらいいんじゃないか。コンビニで見かけたある商品のPOPが良かったので参考になるのではないか。こういう場所でもソフトが売れるんじゃないか……。

送られてきたアイデアを見て、私がいいな、と思ったものには返信をします。リプライするときに印をccに入れるのですが、これがポイントとして貯まっていく。『笑点』でいうところの〝座布団〟です。

そして**毎四半期、MIポイントの「打率」で優秀者を上位から発表**します。たとえば、営業日が60日あって、私から30日リプライをもらっているとすると、打率は5割と換算します。そして、この打率が5割（現在は3割）を超えた社員全員と私で3カ月に一度、MIパーティーを開催するようにしました。

さらに、この中から特に優秀者を少人数で、「ジョエル・ロブション」や「鮨さいとう」など、三つ星レストランに私が招待することにしました。これがとても好評で、MIを提案する非常に大きなインセンティブになっているようです。

MIパーティー後の記念写真

余談ですが、**家電量販店を訪問して状況報告をくれたMIには、必ずMIポイントを進呈**しています。理由はシンプルで、社員には売り場にどんどん足を運んでほしい、と思っているからです。

MIを始める以前、社員旅行の帰りのバスが新宿駅西口に着いたことがありました。新宿駅西口といえば、ヨドバシカメラやビックカメラなど、量販店がひしめくエリア。「せっかくなので、量販店を見ていこう」という社員もいるだろうと思っていたら、みんなまっすぐ駅に向かって帰ってしまいました。

これは、私にはショックでした。**売り場は、売上、利益を生み出してくれる源泉**です。社員全員の給与を含めてすべてのお金は、ここからまかなわれているのです。営業やマーケティングの担当者だけがお店に行けばいいわけではない。そうでない社員こそ、お店に行く気持ちを持ってほしいと思っていました。この出来事が、MIを始めるきっかけにもなりました。

"飲み屋のグチ"を経営戦略に活かす

私が良いと思ったMIは全社員に公開されていますので、**どんなアイデアがいいアイデアなのか、ソースネクストらしいのか**、ということもみなに伝わります。これを見ているだけでも大きな学びになると思います。

この**MI制度が会社を変えた**、と私は思っています。全社員が今は130人強。常時、アイデアを提案してくれるのは3分の1から半分くらいですが、それでも毎日40～60通くらいに目を通しています。いずれも、**社員が最前線で実感していることやそれぞれの感性で思いついたアイデア**です。

年間230日ほど営業日があるとして、合計1万通強。MIを開始して8年以上になるので、トータルで約10万通にのぼります。これだけの量の最前線の情報が、ダイレクトに私のもとに送られてきたのです。

全部に目を通すとなると、大変さもあります。しかし、**私一人では絶対に手に入らな**

い情報に触れられます。とんでもない情報網を、手に入れることができました。

しかも、アイデアが上がってきて、動くべきときには即、組織で動きます。中でも特に素晴らしいアイデアは「スーパーＭＩ」に選出され、毎朝全役員が出席する戦術会議の議題になり、討議します。

明日や1週間後にやるのではなく、その日のうちに即実行します。なぜなら、そのほうがお客さまも喜ぶし、アイデアを出す社員も、出しがいがあるからです。

中途採用の社員からは、「こんな制度があるのか」と最初は驚かれますが、とても好評です。役職を問わず、どんどんアイデアを出してくれます。この仕組み自体が面白いからでしょう。

社員を見ていて思い出したのは、自分の会社員時代の経験でした。

「うちの会社はなぜ、○×の手を打たないんだ」

などと飲み屋で話しては憂さ晴らしをしていたのです。「こういう△○があるのに、上層部はわかってないよね」「今は××をやらないといけないのに」……。

端的にいえば、ＭＩ制度は、こういう飲み屋での話を社長に直接ぶつけられる場です。

しかも多くの会社では、上司に言っても、その上司が自分の手元で止めてしまったりします。でも、ＭＩ制度では社員全員に見えていますから、握りつぶすことはできません。

飲み屋のグチには、意外に鋭いものもたくさんあると私は思っています。それを経営に反映させない手はない。ＭＩ制度は、それができる仕組みなのです。

成功者にカリスマは不要

稀代の起業家たちがどんな人かを感じ取る

何度か触れましたが、私は**数学が好きですから、さまざまな事象を確率から読み解くことも好き**です。

たとえば、私が今、住んでいるパロアルトの近所には、亡くなったアップルの創業者、スティーブ・ジョブズさんの家があります。もう今や観光地化していて、たくさんの人が世界中からやってきます。おとぎ話に出てくるような、古い家なのですが、驚いたことに高い塀も門もない。だから、観光客にも人気なのです。

この家の目と鼻の先に、グーグルの創業者、ラリー・ペイジさんの家があることは、意外に知られていません。私もびっくりしたのですが、本当にそうなのです。時価総額で世界のトップ層を争う2社の創業者の家が目と鼻の先にある。これは、とんでもない確率だと思うのです。そして、さらにマーク・ザッカーバーグさんもパロアルトに住んでいます。パロアルトには何かある――。だから、私は今のパロアルトの家を紹介されて、すぐにそこに住むことを決めたのでした。

おかげで、本ではまずお目にかかることができない学びも得ることができました。世界の**大成功者とは、どんな人たちなのかを間近で見ることができた**からです。そして、間近で見なければ、絶対にわからなかったであろうことも知りました。

端的にいえば、「普通の人だった」ということです。近所ですれ違ったら、ごく普通のきちんとした、良い人です。でも、こういう感覚を得ることは、ものすごく重要だと思います。

日本では、起業で大きく成功しようとすると、経営者として大変なカリスマでなければならないようなイメージがあるのではないでしょうか。ものすごい独特のオーラを持っている。正直、とてもあんなふうにはなれない、と最初から尻込みしてしまう人もいるのではないかと思うのです。

しかし、シリコンバレーに住んでみて、すぐ近所に住んでいるラリー・ペイジさんはもちろん、たくさんの起業家に会って感じたのは、そんな尻込みは必要ない、ということです。**ごく普通のきちんとした人が、とんでもない成功を成し遂げている**からです。

ごく普通の人が、起業家として成功している

たとえば、私がシリコンバレーに移住してきたときに出会った、トニーさんという起

業家がいます。彼が始めていたのが、地元の名店の料理を届ける宅配ビジネスでした。その名も「ドアダッシュ」。

日本でも展開されているウーバーイーツと同種のビジネスですが、実はドアダッシュのほうが先です。彼は、あらゆるローカルレストランからデリバリーで頼めるというコンセプトのサービスをパロアルトで始めたのでした。

面白そうなので、私も頼んでみようとしたら、日本食がありません。仕方なく中華を頼んだのですが、創業者のトニーさん本人から「いかがでしたか」とメールが届きました。どうせ返事は返ってこないだろうと思いつつ、「いまいちだったよ」と返信したら、すぐに「会って話を聞きたい」という返事が届いたのでした。

翌週、会ってみると、ごく普通の好青年でした。どこが気に入らなかったのか、と聞かれたので、「日本食のレストランがないよ」と答えました。「じゃあ、どこの店がいいんだ」と言うので、「そりゃ、スティーブ・ジョブズさんが頻繁に通っていた陣匠(Jinsho)じゃないか？　あそこを取ってこないとダメだよ」と返すと、なんと翌週、陣匠がリストに載ったのです。その後は、日本食レストランも増えて7〜8軒がリストに載りました。

その後、陣匠はリストからなくなったのですが、この実行力はすごいなあと思いました。実際、ビジネスはどんどん拡大し、配達員が足りなくなるほど。

ジョブズさんも愛した日本料理店「陣匠」

のちに、彼は配達員を自前で抱えるスタイルから、ウーバーと同じ方法で運転手を集める方法に変えていきました。なぜそれが私にわかったかといえば、ウーバーを頼んだら運転手がドアダッシュのTシャツを着ていたからです。聞けば、両方をかけもちしている、といいます。

ドアダッシュが流行るのは当然でした。地元で行列ができるほどの超人気レストランのメニューが、アツアツのまま自宅に届くのですから。しかも、1皿からでも頼めて、配達料も安い。

そして、あれよあれよという間に展開エリアを広げ、今や3万7000店超の飲食店と提携しています。私が初めて注文してからわずか6年。今、彼の会社は時価総額1兆円を超えるほどに成長しています。

彼と初めて会ったときは、普通の青年に感じました。そんな人物が、わずか7年で時価総額1兆円を超える会社を作っていくのです。

ドアダッシュだけではありません。Dropboxも私が初めてオフィスを訪ねたときは社員数わずか二十数名の会社で、ＣＥＯは27歳でしたが、今や時価総額1兆円にまで成長しています。こういう人たちが、ごく身近にいるのです。**起業家になるのも、成功者になるのも、決して特別なことではない**——そう素直に思えました。これこそ、シリコンバレーでの最大の学びでした。

三方よしの交渉をする

第5章

住む場所で交渉は変わる

社長がシリコンバレーに移住

会社を危機に陥れた理由には、「Uメモ」シリーズに過剰投資した私の判断ミスに加えて、もう一つ大きな要因として、**パソコンからスマホへ移行する大きな潮流のスピードを見誤った**ことはすでに述べました。

そこで私が今後IT業界の変化を見逃すまいと選択したのは、ITの総本山のシリコンバレーに移り住んでしまうことでした。**社長みずからが、本社を日本に置いたまま、移住してしまう**――。おそらく上場企業の社長でほとんど前例のないことでしたが、これもまた、振り返れば最善の策だったと思っています。

実は2010年あたりから、アメリカのシリコンバレーに行くと、**明らかに様子が変わってきたことに気づいていた**のです。

日本ではまだガラケーを使っている人のほうが多い時代でしたが、シリコンバレーでは全員といってもいいほど、みんなiPhoneを持っていました。日本の状況とは、まったく違っていたのです。これには大きなショックを受けました。

私もiPhoneは持っていましたが、併用していたガラケーを取り出すと、「え、まだそんなものを使ってるの？」という目でアメリカ人に見られました。内心「こんな古いテクノロジーを使っている相手とビジネスをして大丈夫か？」と思われているのではないかとヒヤヒヤしました。

翌2011年、私は家族で2週間、シリコンバレーの少し南にあるサンタナロウに滞在する機会がありました。家族旅行でしたが、仕事のアポを入れていたら、相手の対応がまるで違ったのです。たった2週間の滞在でも、「来週も会えます」と言うと話がつながる。**数日で帰る出張とは相手の受け止め方が違う**、ということがわかったのです。

そこで、翌2012年夏には1カ月間、家を借りて住んでみることにしました。そして、ちょうど良い物件があったので、アップルの本社のあるクパティーノという場所に8カ月くらい住んでしまうことになります。それから、今のパロアルトに移ってきました。

大前研一さんの有名な言葉があります。

「人間を変えるには住む場所を変えるか、時間配分を変えるか、付き合う人を変えるしかない」

私の場合、**シリコンバレーに移り住むことで、時間配分や付き合う人の二つを含めて、この三つすべてが変わりました**。アメリカに住むと当然、付き合う人が変わります。日本で仕事をするのと違い時差もあるので、仕事の時間配分も大きく変わりました。ですから、私自身が大きく変わったと実感しています。

アメリカのビジネスはホームパーティーで進む

ＩＴの大きな潮流をつかむことはもちろん大事ですが、シリコンバレーに住む以上、良いコンテンツの販売権をより多く得ることを、大きな目標の一つに据えていました。シリコンバレーに住んだことで、販売権を獲得するビジネスのスピード感が何より高まりました。

実際、シリコンバレーに住んでいる、と言うと、「え、ここに住んでいるの？」と驚かれます。いつでも会える、ということです。私たちは、製品を販売させていただく立場ですから、製品を提供する側からすれば、こんな安心なことはありません。

社長がシリコンバレーにいて、**その場でサイン（意思決定）もできる**。シリコンバレーに住んでいる人に、プロダクトを直接渡すことができる。

自分が手塩にかけた大事な製品を誰に預けるか、というとき、自分の知らない日本という国に住んでいて、しかも一回か二回しか会ったことのない人間に渡すことが、いかに不安か。そんなアメリカ人の気持ちを、シリコンバレーに行ってから痛感するようになりました。しかし、今までは当たり前のように、出張ベースで契約をもらおうとしていたのです。

　シリコンバレーに社長が住んでいるというだけで、ソースネクストが取り扱う海外発の製品は加速度的に増えました。私がシリコンバレーに住んでいることによって、日本での発売が決まった製品は数知れません。

「よう、ノリ」と、シリコンバレーにはさまざまな人が立ち寄ってくれます。

　たとえば、世界的な外国語の教育教材を作っているロゼッタストーンのＣＥＯ。３カ月に１回ぐらいは会おうと言って、よく来てくれます。他にも、ソフトウェアの会社、ハードウェアの会社、ベンチャーキャピタルの人たちなど、さまざまな人が１週間に１〜２回は訪ねてきます。

　日本から来る人も増えました。コンテンツを持っていたり、技術を持っていたり、もしくは日本でビジネスを展開したいという人たちです。

　１週間の滞在だと、「次に会おう」と言われると、「もう帰国するんだ」と答えざるを得ません。それが２週間になると、「来週会えるよ」となる。これだけでもずいぶん違いましたが、１カ月いればもっと会える。となると、住んでしまったら、すごいことが起きるのではないかと思っていましたが、想像以上の成果がありました。

アメリカに住んでみて改めてわかったのは、**ビジネスはホームパーティーで進む**ことが多い、ということです。その意味でも、家族で移り住まないと意味がありません。子どもも交わると、さらに親しくなれます。大人の年齢を聞くのは御法度なアメリカですが、子どもの年齢は必ず聞かれます。

週末になると、ホームパーティーが頻繁に開かれます。そこに家族みんなで、子どもも連れていく。また、自分の家にも、家族を連れてきてもらう。そうすると、子どもは子ども同士で遊び、大人は大人で楽しく飲んだり、ゆっくり話したりできます。印象としては、家族で参加するとより信用してもらえると感じています。

対面で話す威力を有効に使う

会わずに済むアメリカだからあえて会う

日本に本社があるのに、社長が日本を離れてしまうなんてあり得ない、という考え方もあるかもしれません。実際、多くの経営トップがそうでしょう。自分がしっかり日本で会社を見ていないといけない、と感じてしまう。

しかし、ITを軸とするビジネス上、**アメリカとのつながりは絶対に必要**です。誰かにアメリカを任せないといけない、となればどうするか。**選択肢は、現地で人を雇うか、日本にいる人を送るか、の二つ**しかありません。アメリカで拠点を立ち上げるのと、それまでずっと実績を作ってきた日本のビジネスを継続させるのと、果たしてどちらが難しいか、と考えれば、当然、未知なるアメリカでしょう。

ならば、継続する国内ビジネスは信頼できる仲間に任せ、**社長自身が最も難しいトライをするほうが、よほど理に適っている**と思いました。逆に、少なくとも最初は、トップの私と同じことをアメリカで部下や現地社員にやってもらおう、などというほうが無理があるのではないかと考えたのです。

しかも、経営トップがアメリカに行けば、**自分が第一線で営業できて、ホームパーティーで人脈も作れて、ITの大きな潮流まで見られる**わけです。こんなにいい話はありません。時価総額を見ると、明らかに私がアメリカへ移住した頃を境に上昇気流にのりました（次ページ図）。

私が海外への移住に踏み切れた要因の一つには、先に紹介した「MI制度」の存在も大きかったと思います。これによって、**私はアメリカにいながらにして、日本の状況がつかめる**ようになったからです。毎日の幹部会議や毎週の朝礼を通じてコミュニケーションは取っていますが、「MI」の意味はやはり大きい。

図5-1　株価は米国移住後に20倍以上に

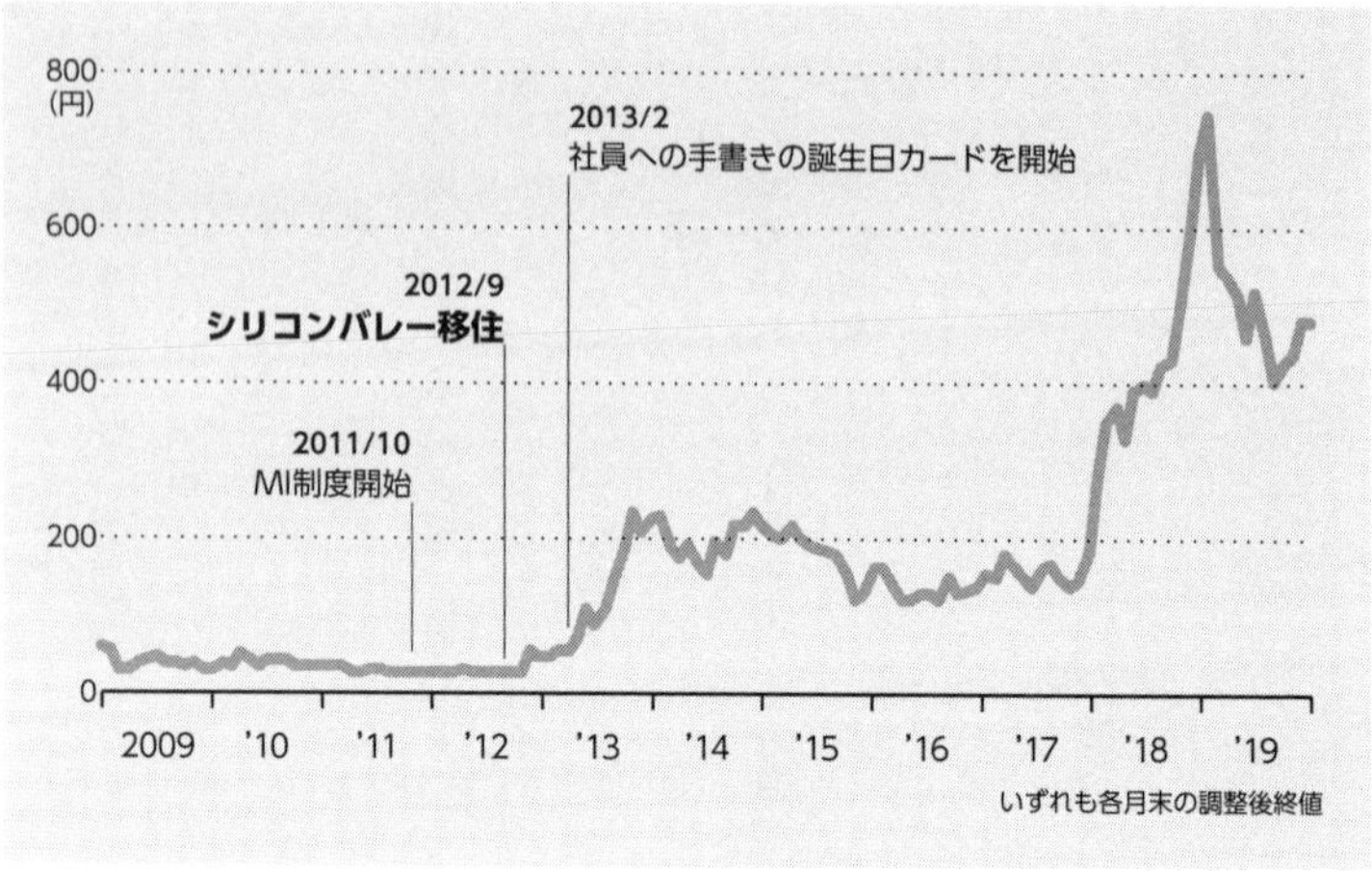

そしてアメリカでのビジネス交渉でも、私は**一般によいといわれる慣習などに惑わされない**ようにしています。なかでも意外に好評な一つが、対面でのミーティングです。ご存じのとおり、アメリカは国土が広いので、ビジネス上は電話やビデオ通話でコミュニケーションを取ることが当たり前です。

だから、実は対面で会う機会はあまりありません。しかし、私の場合は、そこを、あえて相手に会いに行くようにしていて、これが差別化になっていると思います。私はアメリカの当たり前を、逆手に取ったのです。ディールをまとめるなら、**直接会って話したほうが明らかに効果があるのが、アメリカ**です。

実際、会いたいと言うと少し驚かれるし、

わざわざ来てくれたのかと、とても喜んでもらえます。だから、私は何度でも行くようにしています。それこそ日本で量販店１００店舗を回ったことと比べれば、なんということもありません。どうしてコイツはこんなにここに来てくれるんだ、と相手に思われるくらい行っています。会うと握手もできるので、ディールもよく進むのです。

重要なのは、アポイントを取るときのやりとりです。「会えたら嬉しいです」などと書いたところで、実際のアポイントにはつながりません。

なので、いつどこで会いたいのか、まできちんと書くことです。**先方のオフィスで会いたい、というと、相手はほとんど断りません**。アメリカ人にはフレンドリーな人も多いので、「よく来てくれた」となり、好印象を持たれます。

それと、もう一つ**重要なポイントは、相手のトップだけに会おうとしない**ことです。アメリカの場合は権限委譲が進んでいるので、トップでなくてもサインをする権限を持っています。

こちらがトップで相手はトップでない人でも、私はきちんと尊重します。担当者レベルでもどんどん会う。トップ同士でなければ話にならない、なんて空気は醸し出さない。そうすると、相手も喜んでくれます。

人脈は囲い込むと紹介も受けられない

私がアメリカに来て驚いたことの一つは、だれもが気軽に知り合いを紹介しあうことです。

一応「あなたを、○○に紹介していいですか」と断りを入れますが、紹介のメールが頻繁に飛び交っています。

日本ではどちらかというと、人を紹介することに身構えてしまうところがあるのではないでしょうか。日本人の性格や文化からくるものなのか。あるいは、日本ではおかしな人を紹介すると、紹介元の責任が問われるためかもしれません。

しかしアメリカでは、仮に紹介された人が変な人だったとしても、**その人と付き合うかどうかは自己責任であって、紹介した人のせいにはしません**。このため、お互いに紹介することで失うものはなく、人を紹介するハードルが低いのです。

加えて日本では、「自分だけが囲い込んでおきたい」「紹介してしまうと、自分の頭越しで物事が進んでしまうかもしれない」といった独占欲から、紹介をためらうこともあるのかもしれません。

しかしそうやって**自分だけで囲い込むと、自分が紹介を受けたいときも受けられませ**

ん。そういう行動様式で、グローバルに活動するのは厳しいと思います。

世界と戦おうと思ったら、世界の人たちとつながるべきです。

「この国の人とは合わない」などと、選別したり決めつけても何の得もありません。そもそも、同じ国でもさまざまな人がいますし、人種でどうこうというのは偏った考え方だと私は思います。

人種の多様性が低い日本で暮らしていると、どうしても排他的な気持ちが芽生えやすくなるかもしれないので、そこは自分がそういう環境にいることを意識しておくべきでしょう。グローバルに考えたら、明らかに自分が損をする考え方でしかありません。

グローバルな製品を作るためのチームとは?

好まれる色や明るさは国・地域で異なる

ほかにも、やはりアメリカに住んでみないとわからないことは、たくさんあります。

たとえば、テキストのコミュニケーションについて、アメリカでは、簡単なビジネスのコミュニケーションは、SMSで行うことが多いです。

LINEはアメリカではほとんど使われていないし、フェイスブックのメッセンジャーもアメリカではビジネスでほとんど使いません。ワッツアップは使う人がいますが、両者が同じアプリを入れておく必要があり、またどんなメッセージアプリを使っていますかと聞く手間も省けるので、ＳＭＳが便利です。

西洋人が好む色と、日本人が好む色

本当の意味でのダイバーシティも認識しました。どうしてシリコンバレーでは、グローバルな製品やサービスを生み出せるのか。フェイスブックをはじめ、**グローバルに成功しているプロダクトやサービスは、グローバルなチームで作られている**のです。アメリカ人だけで作っているわけではありません。

最初に住んだクパティーノで実感しましたが、とにかくさまざまな人種の人たちが暮らしています。

たとえば、私がアメリカで家を探すときに、どうしてアメリカ人の家はこんなに暗いのか、と疑問に思っていたところ、アジア人と西洋人の目では、見え方が違うということがわかりました。アジア人の目は、まぶしさをあまり感じません。ところが西洋人の目は、アジア人にとっての弱い光でも強く感知してしまうのです。

アメリカの家が暗いのは、西洋人用に作られているからです。西洋のホテルが暗いのも同じ理由で、アジア人用の照明は彼らにとっては明るすぎるのです。西洋人がサングラスをよくしているのを見かけるのは、そのためです。格好つけるためにサングラスをしているのではありません。本当にまぶしいから、しているのです。

ＩＴの世界でも、たとえば明るさや色の見え方を知っているかどうかで大きく変わります。アジア人と西洋人では、光と同じく、色も違って見えているからです。そういう違いも知っていたうえで、グローバルに展開するプロダクトやサービスを企画しなければならないと思います。たとえば「赤」と一口にいっても、アジア人と西洋人の好む赤は違います。アジア特有のケバケバしい原色は、西洋人には受け入れられにくいようです。フェイスブックにしても、リンクトインにしても、コーポレートカラーがシックで少し落ち着いた色味なのはこのためだと思います。

シリコンバレーでは、それを理解してビジネスをしています。世界中から人が集まり、本当のグローバルチームで取り組むからこそ、どの国の人にも違和感のないＵＸ（ユーザーエクスペリエンス／製品サービスから顧客が得られる体験）を提供することができています。**グローバル企業が使っている色やデザインは、ダイバーシティの公約数**なのです。

日本は、もっともっとダイバーシティを進めないと、グローバル競争には勝てません。

グローバル製品を作るためには、グローバルなチームで作らないといけないのです。**日本人だけで作ったら、勝てない**。

ちなみに「ポケトーク」は、グローバルなチームで作っています。それは、グローバルな製品にしていきたいからなのです。

個人対個人で対峙する

ロゼッタストーン日本法人をなぜ買えたのか

アメリカに暮らすようになってわかったことの一つに、ビジネス社会で当たり前のように浸透しているリンクトインの利用率の高さがあります。これは、アメリカと日本の決定的な違いかもしれません。

アメリカのそれなりのビジネスパーソンで、リンクトインに登録していない人はまずいません。**リンクトインに名前がなかったら、怪しまれる**くらいです。

実際、リンクトインに名前がないと取引を躊躇する人は多いと思います。リンクトインでは詳細な履歴書レベルの情報がアップされています。会社の情報ではなくて（アメリカでは日本と違い、非上場企業は売上も利益も公開していないのが普通です）、**個人**

そのものが問われる、アメリカらしい仕組みです。

ビジネスパーソン個人の履歴書の情報が、リンクトインにすべてアップされているなんて、日本では、ちょっと考えられないかもしれません。しかし、アメリカでは個々の人が、何を成し遂げてきたのか、信頼できるのか、を透明化しているのです。

IT系のアメリカ人は、だいたい4年に一度は転職しています。だから、同じ会社に4年いると、リンクトインからメールが来るようになるそうです。「そろそろ、転職はいかがですか」と。リンクトインが、転職の広告媒体になってもいます。そして今は、その転職サイクルが4年よりももっと短くなっています。

リンクトインを通じて、ビジネスも行われています。実際、人に会うのも、リンクトインを通じてコンタクトを取れば会うことも難しくありません。

ソースネクストは、英会話学習プログラムで世界的に知られる「ロゼッタストーン」の日本国内販売権を取得し、その後、日本法人を買収しましたが、この交渉の始まりも、リンクトインを通じてでした。

２０１６年の1月2日に突然、ブランド力があるのにあまり売れていないものがあるな、と「ロゼッタストーン」の名前が思い浮かんだのでした。

私は当社の役員に、すぐに電話をかけました。ロゼッタストーンの販売権もしくはＩ

P（知的財産）を買収するのはどうだろう……。

良いアイデアだということになりましたが、誰もコンタクト先や紹介してくれそうな人を知っている人はいませんでした。

このとき私が使ったのが、リンクトインです。プレミアム会員なら使える「InMail」という機能は、直接つながりのない人にもメールを送れる仕組みです。これで、「私は東京証券取引所に上場しているソフトウェアの会社を経営しているが、ロゼッタストーンに興味がある」とCEOに直接送ったのです。

すると、返事がありました。アポイントを取って彼に会いに行ったのが2月3日。その後、6月7日には日本における販売契約をして、翌2017年4月25日には日本法人の買収を発表しました。

私は、「ロゼッタストーン」の**ブランド力であれば、今の製品のままでもかなり売れる**と思っていました。しかし、値段が高すぎました。ただ、どんなに交渉しても「2万円以下で売ってもらったら困る」というのです。まず5000円で売りたい、と申し出ました。返答は「ノー」でした。それなら1万円ならどうだ、と聞いてみても「ノー」。

こうなると、普通の販売契約では難しいと思いました。仮に結べたとしても、私たちが設定する価格にできなければ、成功するとは思えない。もっと**安くして、たくさんの**

お客さまに使ってもらう方向に切り替えたほうがいいと思っていました。

そこで、日本法人そのものを買収して国内販売権を取得する方向に話を持っていったら、乗ってきたのでした。

こんな大型買収の最初のアクセスが、実はリンクトインだったのです。アメリカでは、そのぐらい公に認められた存在です。それは、**個人が重んじられる社会だから**、だと思います。**日本は「会社 対 会社」という関係性が強い**。対する**アメリカはやはり「個人対個人」**です。ビジネスをするときも、会社とやっているというよりも、あなたとやっている、という印象なのです。個人の力がすごく強い。

だから、今度取引する相手はどんな人間なのか、しっかり見る。なるほど、こういう人間なのか、ということを互いに理解して交渉に臨む。だから、自分の情報を公開するのは当たり前なのです。

レガシーをあえて買い、残存者利益を取りに行く

シリコンバレーでとらえた新しい潮流として、時代の流れは間違いなくパソコンから離れてスマホに向かっていました。その中で、ロゼッタストーンも含めて、パソコンソフトのメーカーが苦しんでいるのが見えてきました。**逆に、これはチャンスでもある**と私は思いました。いわゆる残存者利益を取りに行けるためです。

一例として、ウィスコンシンにあるソニークリエイティブソフトウェア（現在はMagix）という高級動画編集ソフトを扱っている会社の日本における独占販売権を結んだほか、最近ではコーレルという世界的に有名なグラフィックの会社の日本国内独占販売権を取得しました。これは先に紹介した、「筆まめ」や「宛名職人」などの年賀状ソフト同様、レガシーなビジネスですが、常に一定のお客さまがいらっしゃる手堅いビジネスです。

とりわけソースネクストには、1700万人の顧客データベースがあります。会社や権利を買い取ることで、さらに顧客の層が広がり、より幅広くいろいろなものを提供することもできます。

高級動画編集ソフトは、ソースネクストが値段を10分の1くらいにしたら、それまでの数十倍以上の本数が売れて、売上は数倍以上になりました。ロゼッタストーンも、それまで日本で1年間かけて売っていた本数が、1カ月で売れるようになり、より多くのお客さまに喜んでいただくことができました。

「たくさん儲けましょう」とはっきり言う

交渉は「相手のＷｉｎ」を聞き出すこと

私は日本ＩＢＭ在籍時にシステムエンジニアでしたから、見積書も請求書も出したことがなく、金額の交渉をしたことすらありませんでした。ですから、交渉はすべて、独立後の経験を通じて学んできました。特に、**アメリカで交渉を繰り返していく中で、交渉術がどんどん磨かれていった**と感じています。

交渉でまず**大事なのは、相手のＷｉｎ（メリット）を理解すること**でしょう。「日本に進出したい」のか「ブランドを作りたい」のか、あるいは「とにかく売上が欲しい」「利益が欲しい」のか。相手にとってのＷｉｎや狙いをまず聞きます。それにどう合わせられるのか、を考える。

もちろん相手のＷｉｎだけに合わせていたら、自社が損するリスクにも見舞われますから、ここが交渉のポイントになります。

とにかくブランドを作りたい、ということであれば、北海道から沖縄まで量販店で並べてみませんか、と提案する。日本に合わせたパッケージにする。その代わり、ロイヤリティはこのくらい下げてもらいますけどいいですか、といった具合です。

しかし、相手のWinが理解できていなければ、こういう提案も行いようがありません。しかも、**Winの要素は多岐にわたっていたりもする**のです。

たとえば、サン・マイクロシステムズのCEOマクネリさんと交渉したときは、マイクロソフトが嫌いなんだろうなぁ、と想像をしていました。だから、マイクロソフトへの対抗策を提案できたら喜ばれると思ったのです。

一方で、**金銭面の落としどころはなかなか難しい**ものです。1本当たりの価格なりロイヤリティなどを、相手のメリットに合わせる形で、条件交渉することが大事です。

個人的な印象としては、**アメリカ人にはお金の話をしっかりしたほうがいい**です。たとえば日本だと、いきなりこんな話をしたら品性を問われることもあるのですが、アメリカ人にはそれほどショッキングな言葉でもありません。

「お金を一緒にたくさん儲けましょう」

これに対して、絶対に「ノー」とは言ってきません。ただ、日本人だと抵抗感を持つ人も少なくないので、避けたほうがいいことが少なくありません。

アメリカの場合、どうしてはっきり言うのかというと、彼らは会社の**契約交渉の成果が個人の報酬に直結しているケースが多い**からです。仮に1億円の交渉をまとめたら、5%の500万円がボーナスとして入ってくる、といった歩合契約になっている。だから、話がわかりやすいのです。

相手が避けたいポイントも押さえる

また、日本に未進出の企業にとって重要な交渉ポイントは、日本ではまだ売上を上げていない、ということです。これはアメリカに限らず、他の国でも同じですが、ソースネクストと組むことで、初めて日本で売上が立つ。しかも、こちらがマーケティングコストをすべて持つわけですから、相手は費用も手間もまったくかからない。ゼロ円の売上から、いきなり数千万円なり、1億円なりの売上が上がる可能性があるわけです。

冷静に考えれば、今まで売上がなかった地域にノーリスクで売れて、しかもそれによってブランドも築かれていく、というのは大きなバリューになるはずです。

とりわけスタートアップなら、アメリカだけでなく日本でも販売されている、ということは、大きなバリューになります。特に**日本はマーケットとして洗練されているという印象を持たれている**からです。

マーケットサイズも十分大きく、潜在的な可能性も大きい。日本で販売されているというだけで、企業価値が1・5から2倍くらいになる会社もあります。だから、スタートアップの企業ではバリュエーション（企業価値）を上げたい、という狙いにも応えられるのです。

そして、相手の狙いを確認すると同時に、**相手がやってほしくないことをしっかりと理解しておく**べきです。避けたい状況や売価の下限などです。

ただ、よくいわれることに「日本の販売価格をアメリカでの販売価格より下げるのはイヤだ」という点がありますが、それには「アメリカでは日本語版のソフトなんか使わないでしょう」と返します。日本語のバージョンだけなら、アメリカに逆流することはありません。これも、当たり前のようで、結構響きます。

基本的に**大事なことは、相手の気持ちを考える、ということ**だと思います。

実は私は小学校6年まではかなりヤンチャで、何でも思ったことをズケズケ言う人間でした。成績はそれなりに良くて、学校の先生からはそれまで何も言われなかったのですが、あるとき懇談会で母親が先生に珍しく厳しく怒られたというのです。

今でも覚えていますが、担任は坪内先生という先生でした。まだ経験数年と若かったのですが、クラスの全生徒に日記を書かせて、それに毎回必ずコメントするという、今から考えれば本当に熱心な先生でした。

その先生に、私はこう言われたのです。

「松田は人の気持ちを考えていない」

どうも、私からいじめられた、と日記に書いた同級生が何人かいたようでした。それで、「人の気持ちを考えろ」と毎日のように怒られ続けたのです。

以来、**人の気持ちを察することに徹する**ようになりました。これは、大きな体験でした。ここから、私は大きく変わったと思います。人の気持ちを考えるようになりました。

3学期の最後、坪内先生は、こう言ってくださいました。

「ようやく松田は人の気持ちがわかるようになった」

それは、とても嬉しい褒め言葉でした。

実は数年前、坪内先生にお礼を言いたくて会いに行きました。相手の気持ちを考えるようになったのは坪内先生の熱心なご指導のおかげで、心から感謝しています。

粘り強さと臨機応変さが交渉を成功させる

30回通ったDropboxのディール締結

交渉で気をつけていることは、「これを決めないといけない」となったら絶対にあきらめないことです。実際、多くの会社から私は「**本当に呆れるほどしつこいな**」と言われてきました。**粘って粘って、あきらめない**のです。

相手のオフィスにどんどん行く。毎日、行くこともありました。単なるミーティングよりは、**少しでも多く話す機会が持てるランチのほうが効き目がある**ので、ランチを3日連続でとったこともあります。

「Dropbox」のディールでは、30回は通いました。担当者と何度もランチをし、CEOにも会いました。これほど訪問回数を重ねたのは、先方の担当者が何度も代わった影響もあります。

アメリカでは、社員が転職するのは日常茶飯事ですから、担当者が代わった途端、途中まで進んでいた交渉が、振り出しに戻ってしまいます。それでも、あきらめてはいけません。ひたすら通い続ける。前任担当者は興味を持ってくれていたのに、次の担当者は興味がない、などということもあります。それでも通い続ける。

提案も、臨機応変に変えます。「Dropbox」のときは、複数のパッケージイメージを作って持っていったり、1年版はダメだったので、複数年版を考えて提案してみたり。すると、また担当者が代わってしまったのですが、あきらめずに、ひたすら通い続けました。最後は、担当者が根負けしたのだと思います。「わかった。なんとかCEOに話してみるよ」と言ってくれました。

何度もオフィスに来るので、何とかしないといけない、とCEOに話を再度つないでくれたのです。そこからは、トントン拍子で話が進みました。担当者からはこのときも、「こんなにしつこい人はいないよ」と笑いながら言われました。本当にPersistent（しつこい）だ、と。

あと、交渉相手が決まると、最初に会ったときに、尋ねる質問があります。

「お酒は飲みますか？」

全員が飲むわけではありませんが、**多くの割合でアメリカ人もお酒は好き**です。そこで、飲みに誘うわけですが、アメリカではビジネス相手とディナーをともにする習慣はあまりありません。みんな家族を大事にするので、夜の接待はアメリカでは基本的にないのです。このため、ランチの時間を使います。

私がよく行くのは、先にも紹介したスティーブ・ジョブズさんも愛した和食の店「陣匠」です。ここのランチは絶品なのですが、金曜日は白ワインを持ち込ませてもらい、カウンターで飲みながら商談をすることもあります。これだけでも、まるで雰囲気は変わります。

やはりお酒が入ると、リラックスムードになります。本音の話もできる。ただし飲むといっても、せいぜいグラス１〜２杯です。瓶の中に残ったワインはスタッフに「飲んでください」と差し上げています。

一緒に飲むとやはり話は弾むと思います。お酒の効果が大きいことをよく実感しています。

契約を成立させないと意味がない

ただし、いくら交渉相手と仲よくなったとしてもアメリカでの交渉中に注意しなければならないのは、**「契約書がすべてだ」と頭に叩き込んでおく**ことです。相手に口頭で「やりましょう」と言われたり、握手をしたりしたとしても、何の意味もありません。

実際、よくあるのです。

「俺を信じろ」と言われて、サインもしない、契約もしないまま進めていたら、結局、裏切られて終わる、ということは珍しくありません。私も二十数年の交渉経験においては、いろいろなことがありました。大丈夫だから、と**口頭で合意をしていても、絶対に信じてはいけません**。裁判をやっても勝てません。やはり、契約がすべてなのです。

実際、こんなことがありました。いつもの「陣匠」で日本酒を飲みながら商談を2時間くらいかけ、契約書へのサインが終わり、ホッとしていたのですが、3日後には彼はもう会社にいませんでした。会社を辞めていたのです。

もし、そのときにサインをもらっていなかったら、契約は成立していなかったでしょう。また新しい担当者とゼロから交渉をする羽目に陥っていました。考えただけでも、ぞっとします。そうやって契約にこぎつけられていない企業も、たくさんあるのではないでしょうか。いい感じだったのに、最後は、契約に至らず終わってしまう。とにかく

サインをもらって、契約をしっかり完了させないといけません。

このように、担当者がコロコロ代わるのは、契約までたどりつけないリスクの一つでもあるのですが、一方でポジティブな面もあります。交渉がうまくいかない担当者がいたとしても、その人が辞めてしまえば、**次には相性がいい担当者に代わる可能性がある**からです。

しかもありがたいことに、日本であれば、しつこくして出入り禁止を言い渡されてもおかしくないようなケースでも、**担当者が辞めてしまえばリセット**されます。

また、良い関係が作れている担当者なら、次の転職先と新たなビジネスが始まる可能性も高いです。実際、「前の会社ではできなかったけど、今の会社だったらできるよ」と言われることもよくあります。日本では、ちょっと考えられないことですが、同業間でもどんどん転職するので、大いにあり得ます。

ディールができない理由が、担当者個人にある場合が少なくはありません。また、担当者とは好感触でも、トップや上司がイエスと言ってくれない、となると、日本の会社の場合はそこで終わりですが、アメリカではそうとも限りません。トップや上司も代わることが多いからです。

だから**大事なことは、ずっとコンタクトし続けること**です。うまく進まなかったとしても、あきらめずに、定期的につながっておくことが重要です。

たとえば、パーティーに出席して、距離を詰めてから、様子を聞く。そうすると、先方の社内の状況の変化がわかる。実際、変わっていることも多いものです。

だから、もうあの会社は無理だ、あのカルチャーでは突破できない、とあきらめることはありません。半年も経てば、トップが代わったり、上司が代わったりして、環境が変化していることが少なくないからです。そうすると、交渉をめぐる状況も一変する。

だから、**アタックし続けることが大事**です。

このように、慣習の違いに気をつけるべきは、アメリカ人だけではありません。

たとえば、特にインド在住の**インド人とのミーティングには、約束の時間の前に着くより、遅れていったほうがいい**こともあります。遅れてくるほうが強い、と考える人もいるからです。「私は忙しい中、お前に会ってやっているんだ」というポーズです。だから、メールもすぐ返信すると、「こいつは焦っている」と思われかねません。つまり、**メールから交渉は始まっている**のです。メールは来てもしばらく放置して、すぐに返信しないほうが得策なケースもあります。これは失礼でもなんでもなく、慣習が違うためです。

向上しあえる文化を作る

第6章

「利益を上げるのはいいこと」と思える文化に

アメリカ企業にならってストックオプションを導入

２０１２年にアメリカに移住して、アメリカのベンチャーでは当たり前の取り組みを知って、すぐにソースネクストにも取り入れた制度があります。ストックオプションを全社員に配ることにしたのです。

日本の上場企業で、社員全員にストックオプションを配っている会社は少ないようですが、ソースネクストでは**入社すぐの新入社員でももらえる仕組み**にしました。しかも最初の１回だけでなく、２年ごとに配り続けますから、仮に６年勤めると３回もらえることになります。

採用のときだけストックオプションを配った場合、株価が下落した際に、ストックオプションの行使価格のほうが株価を上回ると、実質的な価値がなくなってしまいます。それを防ぎモチベーションを維持するためにも、量は少なくても２年ごとに配り続けることにしました。行使するタイミングも、**２年経ったらすぐに全ストックオプションを行使できる**シンプルな形にしました。

社員でない株主の中には、この施策に不満を持つ方もひょっとするといらっしゃるかもしれませんが、株主総会でとがめられたことは一度もありません。社員数もそれほど多くないので、大きく希薄しているわけでもありません。この5年で株価はかなり上がったので、長期保有の株主のみなさまには喜んでいただけていると思います。

シリコンバレーに移り住んだとき、大きなショックを受けたのが、自分が属する会社や事業の売却に対する認識の違いでした。**多くの経営者が自分の経歴に「創業した××社を×ミリオンドルで売却」と買収された実績を強調するように冒頭に書いていた**のです。経営者がこんなことを書いて、社員はどう感じるのだろうか。社員がマイナスに受け取ることはないのだろうかとアメリカ人の知り合いに言うと、「あなたは何もわかっていない」と言われました。「会社の売却で社員が喜ぶのだ」と。なぜなら、スタートアップで、みんなストックオプションをもらっていて、売却がうまく運べば社員たちも大金を手にするからです。

むしろ、「売ってほしいという会社が現れた」と社長が話したら、社員のほうから社長に「売ったほうがいい」と迫る場合もあるといいます。日本では考えにくい光景ですが、これが現実なのだ、と考えを改めました。

自分の勤める会社が高く売れたら、社員に与えられた株の価値も上がって、社員にとっては、住宅ローンを返せる、生活もラクになる、子どもを私学に行かせてやれる。だから、社員が社長をけしかけるケースもあるわけです。そして、優秀な経営者についていこうとする。自分も潤うからです。モチベーションエンジンが明快です。

たしかにその後、さまざまな人に会ったり、本を読んだりしてわかったのですが、社員もそうなることを期待してスタートアップ企業に入っているのです。

ヤフーがフェイスブックを10億ドル（約1070億円）で買いに来たときは、社員たちがザッカーバーグさんに「売上ほぼゼロの会社に10億ドルの値がついているのだから、売ろう！チャンスだよ」と口々に言ったそうです。

なぜ日本の組織で、そうならないのか。それは、日本人の一般社員は株を持っていないからだ、と気づきました。外部の株主以外は、社長や役員が独占しています。上場前の会社を売ることに対して社員が喜ぶなんて、ほとんど聞いたことがありません。

IPO（株式公開）で社員が喜ぶのはわかります。しかし、IPOではなく、会社の売却です。ただ、日本で未上場企業の株を、一般社員が持たされているケースは極めて少ないでしょう。

当社にとって、**会社の価値向上とともに社員も潤う仕組みは何か、と考えたとき、ストックオプション**だと思い至りました。

そして、同時に**社員に意識してもらいたいのが、利益を上げることはいいことだ、という理解**です。経営危機に陥った経験からも、何が重要な一つかといえば、それは「利益」だと明言できます。

ともすれば日本では、利益を追求しようとすると、お金の亡者だとか、利益のために何かを犠牲にしていいのかなどと、負の印象を持つ人が少なくありません。ソースネクストの社員には、そういう意識をぬぐい去ってほしい、と思いました。

実際、利益というものはいいものだ、**利益が出ればみんなに大きなプラスになる**のだ、と知ってもらいたかったのです。利益が増えれば、一般的に株価は上がります。社員が株を持つことで自社の利益について敏感になるでしょうし、会社と自分との一体感をより強く持ってくれるはずです。株主にとっても社員のモチベーションを高めることは、極めて重要なことだと考えています。

利益が多い会社は、お客さま満足度も高い

ソースネクストでは毎週、朝礼を行っています。そこで、利益とは何か、利益はどうすれば生まれるのか、利益はいいものだ、という話をしてきました。アメリカに渡ってからは、テレビ会議を使って、同じように話をしています。

同時に、利益が上がれば、社員に還元してきました。シンプルに、**利益はみんなの給**

料が増える原資にもなるのだ、とわかってほしかったからです。

一つは、基本給のベースアップです。利益が上がった2015年からは、5%ベースアップを2回連続で行いました。2019年にも行いました。たとえば、年収600万円の人は同じ評価でも、翌年には年収630万円に、翌々年には661・5万円になりました。2年で61・5万円の年収が上がる計算です。1000万円の人は1050万円。翌々年は1102・5万円。2年で102・5万円の昇給です。利益が出ることがいかにいいことか、実感してもらうことにしたのです。そして、評価が高かった人や昇格した人は、さらなる昇給となります。

そしてもう一つが、先ほど述べた株式でした。上場しているので、利益が多く出れば、一般的に株価が上がります。それだけではありません。配当も増えます。**利益が増えれば、会社が払う税金も増えるので、これは社会にとっていいこと**です。それだけ社会に貢献できた、という証しにほかなりません。

ただ、社員には利益の大事さを、もっと深いところで理解してほしいと思い、見つけた良いデータがありました。とりわけ**BtoCの会社では、利益が多い会社ほど、お客さまの満足度が高い**、という傾向を発見したのです。

実際、多くの業界ごとの利益ランキングを見てみてください。それはお客さま満足度の高い順に並んでいることが多い。ところが、一般的な印象では、**お客さまの満足度と**

利益額は相反するイメージを持ってしまいがちです。利益の高い会社は、お客さまからお金をむしり取っていると思っている人が日本にはとても多いようです。逆に、赤字で業績の悪い会社はどうか。お客さま満足度が低いのです。

実のところ、製品単価を下げても、利益は高められます。3980円のソフトを、1980円で売ったとします。すると、買った人の満足度は当然、上がります。しかし、販売量が増えなければ、企業の得る利益額は下がる。だから一見、利益とお客さま満足度は反しているように見えます。ただ実際、利益を上げている会社は、値段を下げた分より多くのお客さまに買ってもらって、より多く稼いでいます。

だから、社員には「利益が多いほど良い会社」というマインドセットになってほしい。利益を出せば、自分にも社会にもリターンがある。そして、利益が出ている会社はお客さまの満足度も高い、と考えてほしいのです。

そういう文化が根づかなければ、最終的には、何のために仕事をしているのかが、わからなくなるはずです。**なれの果ては、いかに出世するか、偉くなるか、というだけの権力闘争**です。それは、利益を上げたり、顧客満足度を上げたりすることとは関係がない世界です。

原点に立ち戻り、利益が会社にも社会にも自分にもお客さまにとっても大事なのだという理解ができれば、仕事へのモチベーションは大きく変わっていくと思います。

テレビ会議で効率アップ

シリコンバレーに拠点を移したことによる変化の一つに、日本にいる社員たちとの打ち合わせがすべてテレビ会議に切り替わったことがあります。これは、思っていた以上に素晴らしい効果をもたらしました。

全員が場所に縛られることがなくなり、**少しでも時間があればすぐに打ち合わせができるようになったのです**。テレビ会議には、大阪にいようが、カリフォルニアにいようが、ニューヨークにいようが、どこからでも参加できます。移動の時間も節約できるので、その時間をより多くのお客さまと会うことに充てるなど、私のみならず全社の生産性が上がりました。

もちろん、対面で話すことは重要です。効率一本やりのコミュニケーションではダメで、時折、直接会って話すことが重要であることは今も変わらないと思います。

ただし、**日本企業では、会議は対面でないといけないという空気がいまだにありすぎるようです**。しかし、場所に縛られない会議が当たり前になると、時間設定に苦労する無駄も減り、意思決定のスピードがさらに増します。これは私が移住したことによる、まったく予想外の副産物でした。

人の長所を見ると前向きな関係になる

一人ひとりに手書きの誕生日カードを

アメリカに渡ってから始めたものとしてもう一つ、「誕生日カード」があります。日本を離れて、社員と疎遠にならないよう何かしたいと思って始めたことの一つが、**社員一人ひとりの誕生日の月に、手書きの誕生日カードを書く**ことでした。

きっかけは、二つあります。一つは、私の父が頻繁に多くの人に、手書きで丁寧にメッセージを書いていたのを、子どもの頃から見てきたこと。もう一つは、それ以前に始めていた「サンクスカード」という仕組みでした。仕事で何かいいことをしてもらったり、お礼を言いたいことがあったりしたら、社員に手書きでコメントを書いてサンクスカードとして渡していたのです。

ただ、サンクスカードの仕組みを導入しても、私自身はもらったことがありませんでした。ところが、ある社員から初めてサンクスカードをもらったのです。実は正直、その社員は私のことを快く思っていないのではないか、と感じていました。ところが、ある日サンクスカードを頂き、「社長の朝礼の一言一言が響きます」という手書きのコメ

社員への誕生日カードは手書きで

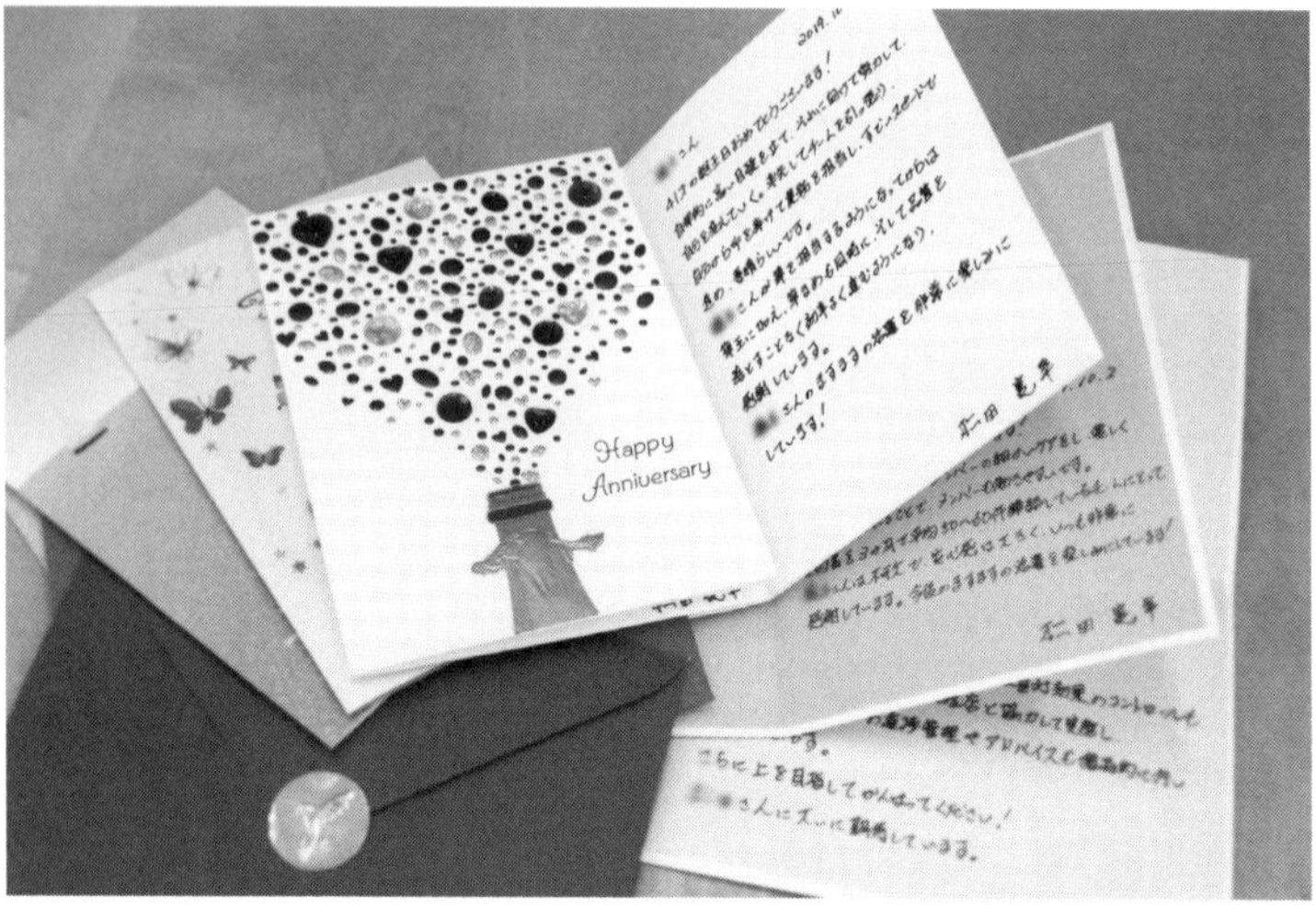

ントは、私にとってものすごく嬉しいものでした。**手書きというのは、やっぱり心から伝わる**、と思ったのです。

そもそも社長は一般社員からは、怖く見えます。それは仕方がないことでしょう。そういう立場でもあり、言わなければいけないことを厳しく伝えることもあります。だから、それを快く思わない社員がいても、仕方がない、と思ってきました。

逆に、コミュニケーションが少ない分、「社長は、自分のことを嫌っている」と思い込んでいる社員も、もしかしたらいるかもしれない、と気づきました。そんなふうに思われていたとしたら、本当にバカバカしいことです。そんなことがあるはずがない。みな大事な社員なのです。

だから、全社員に手書きで誕生日カードを書こうと決めました。そして、とにかくその社員の素晴らしい点、そして感謝の心をできるだけ具体的に伝える。でも、無理してやっているわけではありません。心からそう思っています。

年に一度、書くわけですから、社員をよりいっそうしっかり見るようになります。しかも、**素晴らしいところを見ようとする**ようになります。社員一人ひとりの良いところをカードに書きたいからです。そうすると、大好きな**社員みんなをますます好きになっていく**のです。

手書きだからこそ気持ちが伝わる

始めたのは2012年からですが、最近はだんだん私も凝ってきて、カードのデザインも社員一人ひとりに合うものを選ぶようになりました。

ストックオプションがハードのモチベーション作りだとすると、手書きの誕生日カードはソフトのモチベーション作り、といえるかもしれません。そしてこれは、日本を離れてアメリカに住んだからこそ、浮かんだことでした。

手書き文字は6行から10行ほどになりますから、なかなか大変です。書く内容をまとめるために、その社員に関する上司からのヒアリングも必要です。清書する以上に、原稿を作るのに時間がかかります。これを毎月十数通作るので、いろんな場所で時間を見つけては、書いています。私にとっては130分の1ですが、社員一人ひとりにとっては1分の1なので、常に丁寧に書くようにしています。

大変ではありますが、会社が大きくなればなるほど、手書きのカードを持っていることが社員にとってもっと大きな価値になっていくということが、私の楽しみにもなっています。

ストックオプションでお金が得られるのもいいけれど、こういう価値が上がっていくのもいいな、と思うのです。

最大のポイントは手書きであることです。社長からの誕生日カードといっても、印刷されたものだったら、喜びは小さくなるでしょう。手書きだから、気持ちも伝わるのだと思います。社長がしっかり社員を見ていることが伝わります。やはり**トップに自分の仕事ぶりを見てもらえていないのは一番ショック**だと思うのです。私自身がそうでした。会社員時代、社長どころか、役員と話したこともありませんでした。

そして、他の人に見せられる喜びもあります。「社長から誕生日カードをもらったんだよ」と子どもたちに見せて、「ママすごいね」「パパ偉いね」と言われたという社員の声もよく耳にします。

ちなみにカードの冒頭には、必ず相手がいくつになったのか、年齢を書いています。

それは、未来にこのカードを見返すことを想定しているから。書いている日付からわざわざ引き算しなくても、ああ、何歳の頃の私はこんなことをしていたんだ、とすぐにわかるからです。

人間はどんなに優秀でもひとりでは何もできません。私が**気に入っているシリコンバレーの慣習の一つは、一緒に働く社員を「チーム」と呼ぶところ**です。「エンプロイーズ（従業員）」と呼ぶのをほとんど聞いたことがありません。

社長の役割はそれとして、チームで何かを作り上げ世界を変えていこうとする姿勢や、ヒエラルキー重視でない組織の在り方が素晴らしいと思います。私が目指していた方向性は、シリコンバレーの文化から影響を受けて、より確固たるものになりました。

いまだにグーグルのラリー・ペイジさんやセルゲイ・ブリンさんは、毎週集会を開いて全員から質問を受けているそうですし、スティーブ・ジョブズさんもキーパーソンを集めて毎週3時間あらゆるディスカッションをしていたといいます。「○○の命令だからやった」というだけで、あれだけの会社、製品群は作れないでしょう。

一人ひとりの人間は、だれしも優れたアイデアを持っている、とつねづね感じています。それを、いかに活かせるかどうか、にかかっているのだと思います。

役員会は「お友達内閣」にしない

70歳以上の社外取締役を揃える意味

若い会社は気をつけないといけないな、と私が感じてきたことがあります。それは、若い仲間内だけですべてをやろうとしてしまうことです。すると、友達付き合いみたいな空気を作ってしまい、コーポレートガバナンスのバランスが悪くなりがちです。

執行役員会なら、それでもまだいいかもしれません。しかし、取締役会としてはうまく機能しないと考えています。

同年代だけではなく、**年配の方々をこそ入れなければ経営はできない**と私は思っています。ソフトバンクさんや楽天さんも、年長者の方々を常に社外取締役に配されています。

しかし、若いベンチャーの会社は、あまり年配の方を取締役会に配していないケースが多いと思います。同じような年代だけで取締役会が構成され、そして、うまくいかなかった会社が少なくありません。

ソースネクストでは上場前から意識して、上の世代の方々に入っていただきました。元商船三井社長、日本郵政公社初代総裁の生田正治さんは、私より30歳年上で、84歳。久保利英明さんは75歳。元ソニー社長の安藤国威さんは、77歳。全員が70歳以上なのです。

私より20歳以上離れていますので、いってみれば私の親世代です。だからこそ、お目付役になってもらえます。

ただ、これはとても面白いのですが、こうやって上の世代の方々が社外取締役に就いていると、私が大胆なことをしようとしてアクセルを踏んだとき、ブレーキ役を果たしているんじゃないかと想像する人が多いと思いますが、むしろ逆のケースが多いのです。**経験のある人たちというのは、とてもアグレッシブで大胆**だからです。やり残したことがあるのか、と思えるくらいアクセルを踏まれる。これは、私にとって極めて刺激的です。

そして経営というのは、業種の違いなど関係がないのだ、と改めて感じました。IT企業であれば、ITがわかる人でないと社外取締役は担えないと思っている人が多いのですが、まったくそんなことはありません。

経営の要諦の90%以上は業界に限らず共通です。B／S（貸借対照表）もP／L（損益計算書）も、社員の給料のベースアップをするかしないか、といった話も業界固有のものではありません。もっと長期的な視点で、会社の価値をどう成長させていくか。どんな業種でも見るべきポイントは共通していることがほとんどです。

千里眼のように「会社を見る目」がある

今でも覚えていますが、数年前、あるベンチャー会社に投資を決めたときのことです。ソースネクストもGC表記が取れた後、それほど時間が経っていないタイミングで、まだ完全に復活したとはいえませんでした。

そんな状態で1億円も投資をするのは、リスクが高いのではないか、と私自身は感じていました。5000万円程度にとどめるべきじゃないか、と思ったのです。

結局、5000万円の出資額で取締役会にかけたら、社外取締役の方々から叱られたのでした。「5000万円なんて、まったく意味がない。1億円だ」とある社外取締役が発言したと思ったら、「いや2億円入れてもいいのでは」と別の社外取締役から意見がありました。

私は、「いいえ、このベンチャーさんはまだ赤字なので、そんなに大きな投資はリスクがあります」と伝え、ようやく1億円で収まりましたが、後で後悔することになりました。そのとき投資した1億円は、のちに6億円になったのです。2億円投資していたら、

12億円になっていました。

このとき驚いて、どうしてあのときポテンシャルに気づいたのか、積極投資を主張されたお二方に聞きました。なぜなら、いずれもＩＴの専門家ではないし、ベンチャー企業への投資に詳しいわけでもない。その会社のサービスも詳しく知らないし、社長に会ったこともないのです。

すると、「**株主がしっかりしている**」とポツリ。実際に会ったことがなくても、そういうところから経営者の力量は見える、ということです。まるで、千里眼のようです。

これ以外でも、驚かされたことはたくさんあります。彼らは、**世の中全体の流れがつかめている**。いつも素晴らしいアドバイスを頂けて、感謝しています。


では、こういう方たちと、どのようにして出会えたのか。

現在、社外取締役は３名です。そのうちの一人の久保利さんは、監査役時代から含めるともう17年になります。

最初に入っていただいたのが、久保利さんでした。非常に有名な弁護士ですが、当社が出資をしてもらった会社の社長の紹介でした。未上場の頃から監査役になってもらい、のちに社外取締役になっていただきました。私のシリコンバレー移住を強く推してくださったのも久保利さんです。

生田さんは、オリックスの宮内義彦さんが会長を務める日本取締役協会で出会いました。この協会の本会員になるとき、錚々たる経営者が集まるところに呼ばれたことがあります。私はインドのセキュリティソフト会社と数年前から直接取引を開始し、すでにインドに何度も行っていたので、インドについては何でも聞いてください、という話をしたら、たくさんの質問が飛んできました。それを聞いていた生田さんが、インドの話が面白かったから、日本生産性本部のセミナーでスピーチをしてほしい、とおっしゃってくださったのです。そのご縁から、生田さんに社外取締役をお願いし、引き受けていただいたのでした。

安藤さんは、ソニーの社長を務めた方で、前から一度ぜひお会いしてみたかった方です。私が目指したのは、プロダクトで世界に出ていくことでしたから、ソニーこそ目標でした。ある日、ソースネクストの取引先でもあるバングラデシュの会社の社外取締役を、安藤さんが務めていることを知りました。安藤さんがソニーの社長時代に、そのバングラデシュの会社社長が秋葉原の「T・ZONE」のフロア長をされていて、ソニーのＶＡＩＯをたくさん売ってくれたというご縁で社外取締役をされていました。ぜひ安藤さんに会わせてほしい、とそのバングラデシュの会社社長にお願いをして、安藤さんに当社の社外取締役を引き受けてもらうことができたのでした。

フラットな社風だから実力主義を貫ける

20代の役員、30代前半で年収1800万円の女性

ソースネクストを作ったとき、組織のルールとしてはっきり意識していたのは、**自分が会社員時代に経験したイヤなことはできる限りなくしたい**、ということでした。自分の理想の会社は、自分で作るしかない、と考えたのです。

私が新卒から働いた日本IBMは、とても良い会社でした。一方で、早く出世したいと思う若者にとっては、良い会社と言い難い面もありました。なぜなら、当時どんなに優秀でも、20代では主任にすらなれなかったからです。もちろん、「20代で課長になった」という社員は一切出てきません。

だから起業したとき、究極的な実力主義を敷いて、20代の役員も出る会社にしたい、と思いました。上場会社で20代の役員を作ることを目標にしたのです。そして、創業10年目でそれが実現しました。当時、社員の平均年齢は30歳を超えていましたが、現在専務の小嶋は28歳で執行役員になり、29歳のときに当社が上場したので、目標どおり、29歳で上場会社の役員が誕生しました。

徹底した実力主義の会社にするために進めたのが、自由でフラットなカルチャー作りです。そのために、まずは「さん」づけ文化を徹底しました。「さん」づけ文化は多くの会社が取り入れていますが、それは上司に対して役職で呼ばずに「さん」づけする、というものがほとんどです。

そうではなくて、**上司が部下を呼ぶときに「さん」づけすることを徹底**させたのです。呼び捨てに絶対にしない。「くん」づけも「ちゃん」づけも不可です。

この呼び捨て文化や「くん」づけ文化こそ、下剋上を起こしづらくする日本の組織の悪癖だと思ったからです。呼び捨てにしたり、「くん・ちゃん」づけすることで上下関係を固定させ、上司には一生逆らえないかのような空気を作る。日本は、こうやって組織の秩序を保ってきたのではないか、と想像します。

もう一つ、呼び捨て文化をやめたかった理由は、言葉が汚くなるからです。

呼び捨てにすると、それに続く言葉も「松田、なにやってんだ」という命令的で威圧的な口調になると思いませんか。怒鳴っているように聞こえる。これがまた、社内を萎縮させます。これを「さん」に変えると、「松田さん、なにやってんだ」とはなりません。

実際、日本ＩＢＭ在籍時に担当した金融業種のクライアントは銀行と証券会社で、ガチガチの呼び捨て文化でした。これでは、年齢の上下逆転するような抜擢は絶対にないだろう、と決してひっくり返らない関係の怖さを感じました。

そんな関係性の中で、抜擢人事を行うことは極めて難しいでしょう。調和が乱れるからです。当社の新卒社員は、このソースネクストの文化を当たり前のように受け入れてくれますが、中途入社の社員は全員そうとも限りません。そういう人には教育によって、新しいカルチャーをインストールしてもらう必要があります。

社内がフラットになると、「Aという社員を引き上げると、Bという社員は居心地悪くなって辞めてしまうかもしれない」などと余計なことを考える必要がなくなります。そういう**年功序列に気を使い始めると、本当の実力主義は実践できない**のです。

平均年齢34歳の会社で20代の役員が出るということは、自分よりはるかに若手が上司になる可能性があるわけです。もし、呼び捨て文化だったら、そういう実力主義の人事を実行できなかったと思います。

ソースネクストは、全員が「さん」づけで呼ぶので、普通にミーティングに出ていても、誰の役職が一番高いのかわからないぐらいです。実際、年齢も学歴も、お互いにほとんど知らない超フラットな組織です。だから、若い社員や女性ものびのび働ける。自由な意見も出る。できる社員を引き上げて、昇格させやすいのです。

マーケットプライスで女性の給与を決めない

会社員にとって、最も腹が立つのは「なんで、あんな人が部長をやっているんだ」というような、ふさわしくない人が上司にいる状態かもしれません。そんな納得しがたい昇格・昇進も、ソースネクストではなるべく起きないようにしています。**成果の高い人が昇進できないことと同様に、成果が低い人が昇進するほどおかしなことはない**からです。

評価と報酬も連動していて、等級と評価で報酬は決まります。等級が上がれば、基本給も上がります。インセンティブ・ボーナスは経常利益から総量を決めて、等級と評価に応じて配分しています。

そして、特にこだわっているのは、**女性の報酬決定において、おかしなマーケットプライスに惑わされない**ことです。

日本では、女性の報酬を世間の相場に応じて決めてしまう会社が少なくないのが現状だと思います。Aという男性とBという女性が社内でまったく同じ働きをした場合に、Aという男性が年収1000万円を受け取っても、Bという女性は1000万円もらえないことが多い。それはBという女性が他社に行ったときに1000万円はもらえないだろう、という理由です。当社では同じ働きをした場合は、男女関係なくまったく同額の報酬です。30代前半で年収1800万円の女性も誕生しました。

社内で同じ評価なら、年齢、性別、国籍にかかわらず、同じ報酬でなければならない——この方針には、徹底的にこだわっています。だから、ソースネクストの女性社員の報酬は、相場より高いと思います。女性の定着率が高く、前述のとおり女性のマネージャー率は36％に、そして執行役員以上の比率も43％に上っています。

採用は学歴や職能よりも人柄

実力のある社員が出世しないと、困るのは社員自身

「そんなに完璧に実力主義を敷いて、年齢にまったく関係なく、できる人間がどんどん上がるような仕組みにしたら、会社がギスギスするんじゃないか」と問われることもあります。

しかし、実際は逆です。

会社にとって大事な指標の一つは利益です。そして利益が大きくなれば、社員一人ひとりの給料もボーナスも増えるし、株価も上がります。株価が上がれば、株やストック

オプションで自分の資産も増えるわけです。

逆に、**会社が本当に実力のある社員を幹部として登用しないと、困るのは社員自身**です。仕事ができない人が昇進した結果、利益が上がらず給料も上がらない。ボーナスも増えない。株価も上がらない——そんなスパイラルにはまっては、みんな困ります。だから、20代で役員が出てきても、**誰もが優秀だと認める人であれば誰も文句を言わない**はずです。実際、専務の小嶋は入社2年目から、20代でホームランを打ちまくったのです。

サン・マイクロシステムズの契約を勝ち取ったのは彼ですが、英語に堪能で、アメリカの弁護士と一対一でバリバリ交渉していました。野球でいえば、明らかにバッティングもすごいし、守備もうまい、オールラウンドプレーヤーでした。それこそ、巨人の松井秀喜選手が、「どうして20代前半で巨人の4番を打っているのか」なんて疑問に思った人は誰もいなかったのと同じです。

むしろ、当時から他の社員も、小嶋の登用を歓迎していたと思います。会社の業績を上げてくれるわけですから。優秀でない人が幹部にいて、業績を落とし続けたほうが、よほどイヤなはずです。

ソースネクストでは、**有能な若手が出てきて起用しなかったら、「どうして起用しないのか」とむしろ上司が叱られます**。

そして、こういうカルチャーが浸透すると**「自分の部下を自分の上司にする」**などと

いうすごい上司が現れるわけです。実際、今のもう一人の専務の藤本がそうでした。最年少で役員になった小嶋を一目見て、小嶋の13歳年上の藤本は私にこう言ったのです。

「私のミッションは、小嶋さんを私の上司にすることです」

そのくらい、小嶋のポテンシャルを買っていました。そして、本当に彼を自分の上司に育て上げてしまったのです。自分の部下を自分の上司にしたい、と育てていく――なかなか言えることではありません。藤本は小嶋の部下として働いていましたが、2018年から、小嶋と同じ取締役専務執行役員のポジションになりました。

こうした実力主義が、本来あるべき組織の姿だと思います。プロ野球と同じです。4番を打てる選手が「若いから」という理由でベンチを温めていたら、フロントや監督は何をやっているのか、と言われるはずです。それでは勝負に勝てない。会社も同じです。

製品を売るときも、人材の評価基準をつくるときも、いったい何が重要なのか、ソースネクストは徹底してそれを追求します。今、世界一エキサイティングな会社を目指そうというとき、どういう組織であるべきなのか。**若くても有能な人材がリーダーに就く組織でないといけない**と思うのです。

そして、会社が目指す目標と、組織の目標がきちんと合致していることも大切です。**会社が良くなった分、きちんと社員個人にも跳ね返ってくる仕組み**にする。

そうでないと、「どうして働かないといけないのか」「どうしてあの人のためにやらないといけないのか」などというグチが出てきます。給料も上がらないし、資産も増えない。これではモチベーションが上がるはずはありません。

「できるヤツにクリーンナップを打ってもらおう」という気持ちに、みながならない。チームが勝っても嬉しくない。なぜなら、自分にとってプラスにならないからです。それより給料を上げてくれ、好きな仕事をさせてくれ、などと好き勝手なことを始めてしまいます。

「好きな仕事って何だろう」と考えるとき、開発者であれば、本当はより多くのお客さまに使っていただき、お客さまに喜ばれる製品を作ることであるはずです。ところが、個人が好き勝手に面白いものを作ることだと勘違いしてしまったりする。そして売れなかったとき、「量販店が悪い」「流通が悪い」などと、自分たち以外に理由を求める。最悪の場合は「わかってくれないお客さまが悪い」と言い出す始末です。

幸い、ソースネクストの実力主義文化のおかげで、新卒社員に加え、優秀な中途採用者も集まり、切磋琢磨しています。

「ポケトーク」の開発で最も重要な役割を果たした川竹は30代で執行役員に昇格しました。彼は2001年新卒入社の技術者で、新卒1年目から「驚速ADSL」という大ヒット製品を生み出しました。彼が執行役員になったことは、みんなにとってとても良いことだったと思います。さらにもっと大きな仕事をしてほしい、とみんな思っているはずです。

ソースネクストでは多くの女性が管理職としても活躍していることを述べました。続いて紹介するのは、そうした3人の女性社員の例です。

新卒で入社した田岡は、営業部門に配属され、経営企画室などを経て、32歳で執行役員になりました。彼女は今、二児の母親で、常務執行役員です。とても頭がキレます。

派遣社員で当社に入社した渡久地は、とても優秀でしたので、社員になってもらい、主に人事、総務を担当、メキメキと頭角を現し、4年前に執行役員になりました。

カスタマーサポートの経験を持って中途入社で入った稲垣は、10年以上にわたり法務を担当し、契約書をすべてチェックしてくれています。独学で勉強して弁護士と変わらないレベルの仕事をし、極めて優秀で現在は部長クラスです。

ソースネクストでは、女性活躍のために一般的に行われている、女性向け管理職研修や、女性活躍指標に関する目標値の設定（何年以内に女性管理職を何%にするなどの目標値の設定）等をまったく行っていません。それ自体が女性差別になると考えているからです。

前述しましたが、**みながどの大学を出たかは、ほとんど話題にもなりません**。誰も気にしていないのでしょう。**年齢も気にしません**。

ソースネクストの新卒の初任給は月給31・5万円で、日本で7位（東洋経済オンライン「初任給が高い会社」ランキング2017年4月6日配信）にランキングされたことがあります。

さらに、インセンティブ・ボーナスやストックオプションがもらえます。

私は、全般的に**日本の特に若い人の給料は安すぎる**と思っています。しかも、どんなに会社に利益をもたらしても、若いからという理由で分配にありつけない場合が多い。ましてや、ストックオプションももらえない。

シリコンバレーでは、新入社員の年収が10万ドルからという企業もまれではありません。**これからの人材獲得競争は、そのレベルと戦わなければならない**のです。

ただ、採用の段階でシビアにチェックする点があります。それは「人格」です。性格のよさも伴っていないといけない。**ものすごく高い能力を持っていても、相手によって態度を変えるような人は採らない**ようにしています。

本当の意味で「いい人」を、採用しているのです。

私は野球好きなので、ついたとえてしまうのですが、高校野球で強いチームか弱いチームか、一目で見分ける方法があります。

それは、メンバーの学年構成です。甲子園の出場校の中でも、1年生や2年生がレギュラーに交じっているチームは強いのです。

強豪の野球部は、1年生のときから休まずにずっと辛い練習をしていますから、監督も情にほだされれば「3年生を出してやりたい」と思ってしまいます。でもそこで温情に走らず、本当に実力のある選手をレギュラーに選出できるかどうかが、真に強くなれるかどうかの分かれ道です。野球で秀でた人間は、年齢問わず突出しています。そういう選手を、1年生や2年生からきちんと使うチームは強い――つまり実力主義が徹底しているといえます。会社も同じだと思います。

優秀な人の採用・育成と、彼らが責任を持って仕事に取り組める環境作りは、そのどちらが欠けても成り立たないと考えています。

世界のトップレベルを目指す

「世界一エキサイティング」とは?

こうしたさまざまな取り組みの結果、優秀な人が多く集まり、社員全員がみなやる気になってくれてこそ、世界トップレベルを目指す基盤ができます。

ソースネクストのビジョンは1996年の創業時に、「世界一エキサイティングな企業になる」と定めています。

この「エキサイティング」の一つは、「多くの価値＝世界に対する大きなインパクトを生み出す」ことです。では、「価値」とは何か。数字で測るのは難しいのですが、数字で一番近いのは、時価総額だと考えました。また、時価総額というのは、社会への貢献度、影響度とおよそ比例している、と思います。

そしてソースネクストでは、**企業としての価値の総量と、それを従業員数で割り戻した一人当たり時価総額の両方を重視**しています。総量は社会に与えられるインパクトの大きさにつながりますし、一人あたりの時価総額は、一人当たりの社会に対する貢献度となり、高効率であることはもちろん、社員一人ひとりのやりがいの高さにつながると考えるからです。

まず、一人当たりの時価総額から見ていきます。

今、世界で一人当たり時価総額が突出して大きな会社は、フェイスブックです。従業員一人あたり平均14億・1円です。アップルで9・5億円、グーグルで8・9億円、アマゾンが1・5億円となっています。日本はどうかというと、日本で一番時価総額の大きなトヨタ自動車でも従業員数が非常に多いので、一人当たりでは7000万円ほどです。ソースネクストは4・6億円とそれなりの数字ですが、課題は時価総額の総量です。

つづいて総量を見てみましょう。2019年11月15日現在のソースネクストの時価総

図6-1　GAFAの企業価値との比較

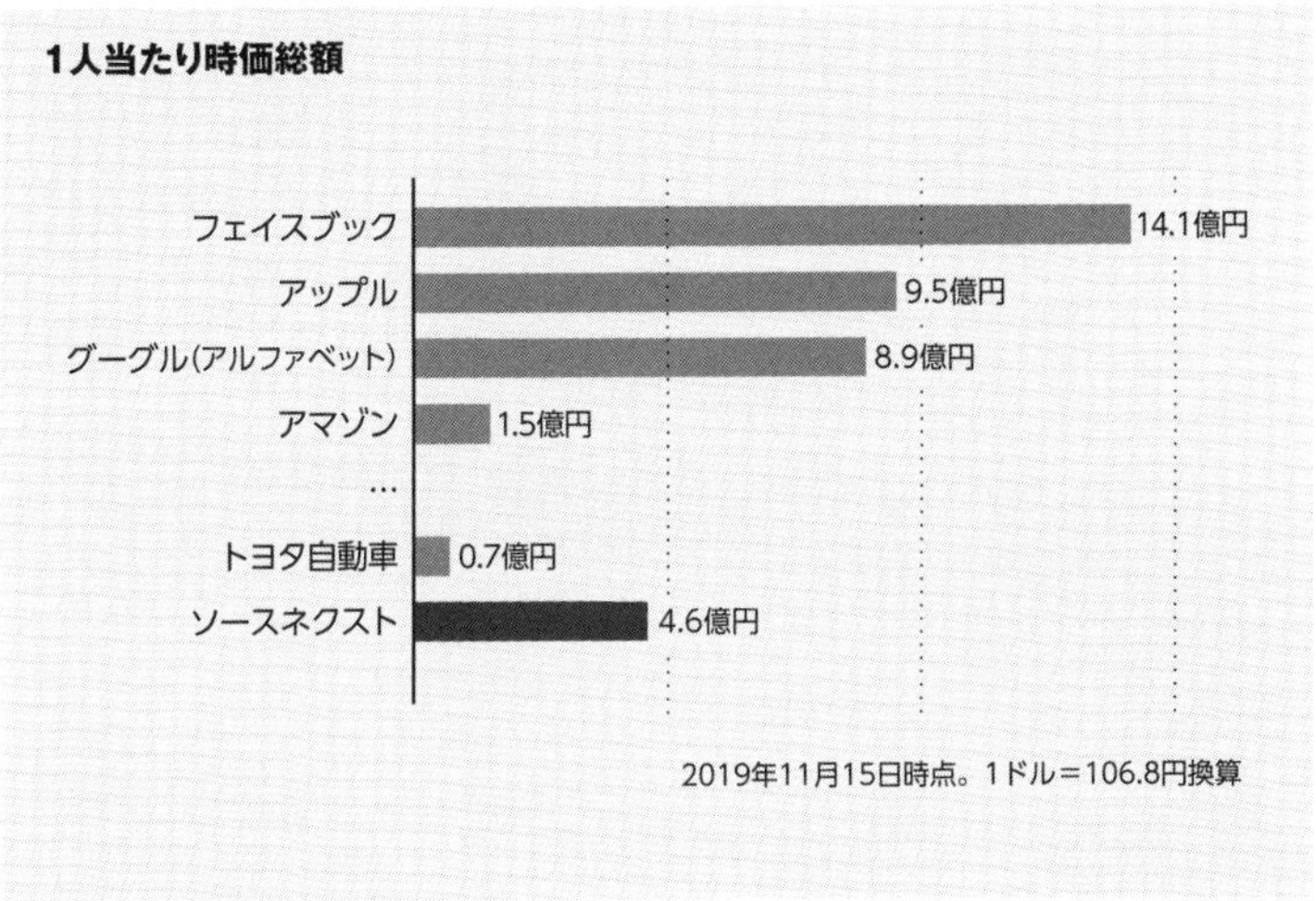

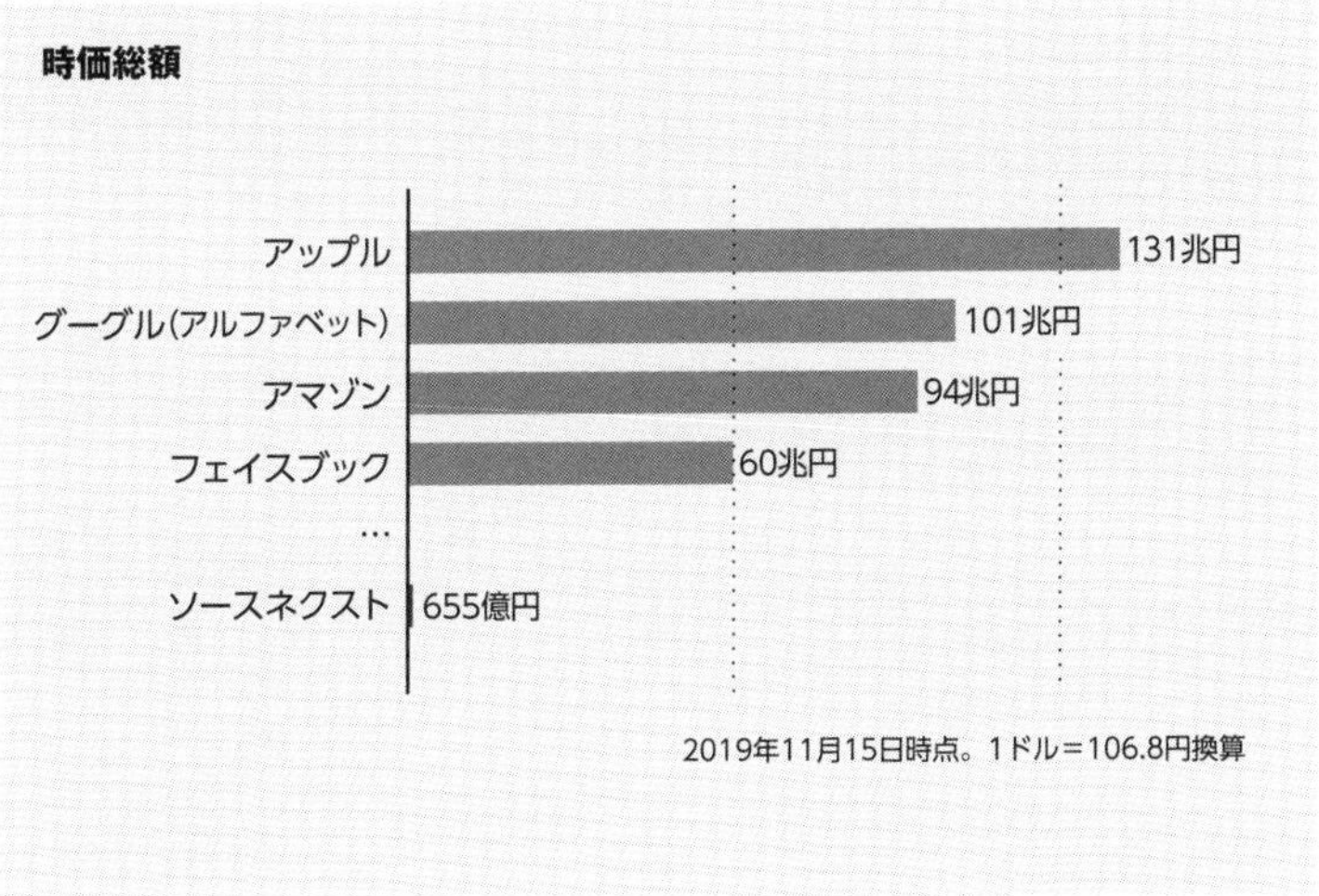

額は約６５５億円です。世界の頂であり私が注目しているＧＡＦＡに目を向ければ、アップルが１３１兆円、グーグルが１０１兆円、アマゾンが94兆円、フェイスブックが60兆円……と、その背中はまだまだはるか遠くにあります。彼らのような**世界トップクラスに肩を並べるには、ソースネクストの現状の企業価値を１０００倍にする必要**があります。

時価総額の総量をＧＡＦＡ並みにいかに上げていくか。

「現状の１０００倍」というのはとんでもない数字に見えますが、ソースネクストは１９９６年に資本金１０００万円で設立したときから今日までで約６５５０倍の時価総額に成長してきたことになります。

果たして、現状から約１０００倍も成長することは可能なのか。

私がよく引用するたとえ話に、紙を26回折ると富士山に届く高さになる、という話があります。紙の厚さを０・１ミリと仮定すると、０・１ミリ×２×26乗＝６４００メートル超になり、標高３７７６メートルの富士山を超える計算になります。続いてさらに17回折る、つまり合計で43回折ると約64万キロになり、38万キロ離れた月への距離をも超えてしまいます。本当にそれだけの回数にわたって紙を折り続けることはできないので、あくまで計算上ではあります。

ただ、**倍々で増えると、とんでもない増え方をする**ことはご理解いただけるのではないでしょうか。理論上は、株式の二分割を10回して現状の株価を維持できれば時価総額は1024倍になり、GAFAと肩を並べる形になります。非常に高いハードルですが、あと1000倍で世界のトップクラスに肩を並べられる、というのは事実です。

それをどのようにして達成していくのか。

ソースネクストでは「製品を通じて、喜びと感動を、世界中の人々に広げる」というミッションを設立時から掲げています。世界中に広げていきやすいのは、やはり製品（プロダクト）です。

「ポケトーク」はAIとインターネットをコラボレートしたIoT製品です。この「ポケトーク」を皮切りとして、今後のAIの進化やネットワークの高速化とともに、さらにいくつものイノベーティブな製品を生み出していけると考えています。そして、日本だけでなく、世界中の人々に喜びと感動を広げていくことが、我々のミッションであり、そのミッションの達成に向けて、日々、全社員が全力で取り組んでいます。

社会に巨大なインパクトを与える製品をつぎつぎと生み出し、それによって社会への貢献を最大化したい――。ソースネクストにとっても、私にとっても、非常にエキサイティングな目標です。ソースネクストの挑戦が終わることはありません。

おわりに

振り返れば、これまでに数々の困難に直面しましたが、今の最も大きな糧となっているのは、一番大変な状況に陥ったときの経験です。そのときに出会い、助けていただいた方々は、かけがえのない存在です。心より感謝しています。

ビジネスで最悪と思える状況が起きても、それは必ずしも悪いこととは限りません。もちろんいつも順調であるに越したことはありませんが、困難こそがさらなる成長につなげてくれます。長い目でみれば、そのときの状況よりも良い結果を作り出せるのだと実感しています。重要なことは常にポジティブに考え、人への感謝の気持ちを忘れないことだと思います。

私が座右の銘としているのは「勤勉は善」という言葉です。

人間は無限の選択をした結果として今に至っています。私の場合、「勉強」か「遊び」かの選択を求められたときは、「勉強」を好んで選択してきました。

もう一つは「親しき仲にも礼儀あり」です。

人との付き合いでは、親しくなるほど相手に無礼になりがちですが、親しい人にこそ礼儀を尽くさないといけません。

たとえば、ある人に100回ご馳走していただいたとして、毎回必ず「ありがとう」と感謝を伝え続けることができるかどうかです。1～2回はお礼をしても、5回もすればお礼を言わなくなる人が多いのが現実です。

そして、ビジネスにおいて礼儀を尽くすということは非常に大切です。

なぜなら、ビジネスは人の力を借りなければ決して成長できないからです。

この言葉を教えてくれた両親に、感謝しています。

困難に直面しても、常に積極的な心構えを持ち、決してあきらめないこと、そして、人への感謝の気持ちを忘れないこと。これは、私が会社を立ち上げたからこそ実感できた、一番大切なことです。

最後に、本書の執筆にご協力をいただいたブックライターの上阪徹さん、ダイヤモンド社の柴田むつみさんをはじめ、この本の出版にご協力いただいた皆さまに感謝いたします。

そして、この本を手にとって最後まで読んでいただいた読者のみなさまに深く感謝申し上げます。

この本が何らかの形で、みなさまのお役に立つことができれば、このうえなく嬉しく思います。

みなさまの今後のさらなるお幸せとご発展を心より祈念いたします。

２０１９年11月

松田　憲幸

［著者］
松田憲幸（まつだ・のりゆき）
ソースネクスト株式会社代表取締役社長
大阪府立大学工学部数理工学科卒。日本アイ・ビー・エム株式会社のシステムエンジニアを経て、1996年に株式会社ソース（現ソースネクスト株式会社）を創業。2006年12月に東証マザーズ、2008年6月に東証一部に上場。ソースネクストは約50カ国で働きがいに関する調査を行うGreat Place to Workによる2019年版日本における「働きがいのある会社」ランキング（従業員100～999人）で12位と5年連続でベストカンパニーに選出されたほか、東洋経済オンライン「初任給が高い会社」ランキング（2017年）で第7位にランクイン。2012年より米国シリコンバレー在住、日本と行き来し経営にあたる。兵庫県出身。新経済連盟理事。

売れる力
――日本一PCソフトを売り、大ヒット通訳機ポケトークを生んだ発想法

2019年12月11日　第1刷発行

著　者――松田憲幸
発行所――ダイヤモンド社
〒150-8409　東京都渋谷区神宮前6-12-17
http://www.diamond.co.jp/
電話／03･5778･7234（編集）　03･5778･7240（販売）
編集協力――上阪徹
装丁――――森本清明（ソースネクスト）
本文デザイン―布施育哉
図表――――うちきばがんた（G体）
協力――――NewsPicks
校正――――聚珍社
製作進行――ダイヤモンド・グラフィック社
印刷――――信毎書籍印刷（本文）・加藤文明社（カバー）
製本――――川島製本所
編集担当――柴田むつみ

ISBN 978-4-478-10798-0